もう一度、泳ぐ。
池江璃花子
Rikako Ikee

2024.03.18
代表選考会。100mバタフライで57秒30の2位となり、パリ五輪出場を決めた

YOKOHAMA
RENAISSANCE

2020

2020.03.17
白血病から復帰後、初めてプールに入る。退院した日とこの日は忘れられない

2020.06.27
日大のプールで様子を見ながら練習を始めた頃。体重は 5kgくらい戻ってきた

2020.06.27
エアロバイクのトレーニングではチームメイトを引っ張るまでに体力も復活

2020.06.27
自ら設定した目標タイムを次から次へとクリアし、笑顔とガッツポーズを見せる

2020.06.27
1年半のブランクを経て、泳ぐことを楽しんでいる様子が滲み出ていた

2020.06.27

2020.06.27

2020.06

2020.06

初めて新しくなった国立競技場を訪れた時に、トラックでヨーイドン！

2020.07.04

20歳の誕生日、ルネサンスのチームメイトから練習後に祝ってもらった

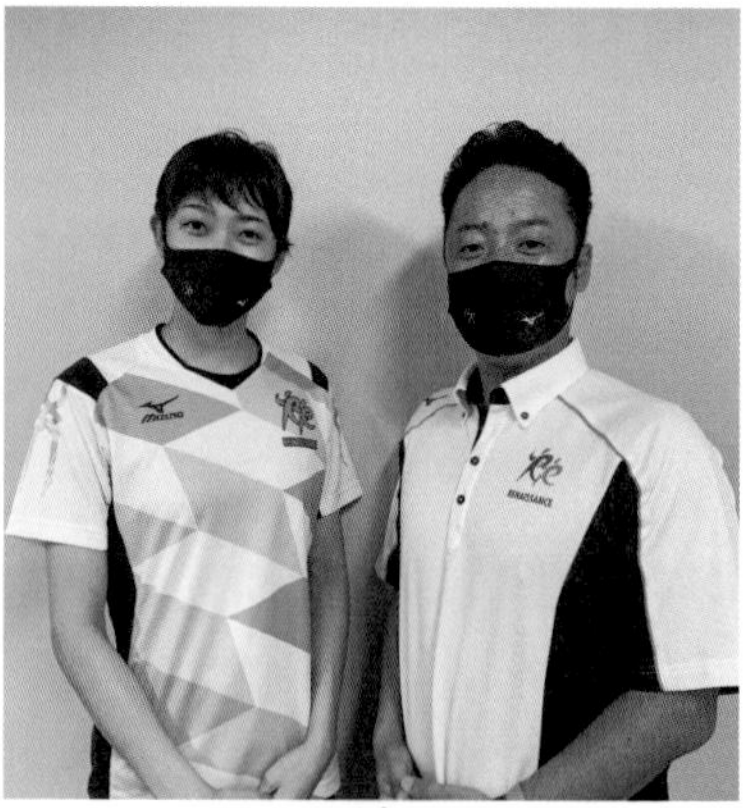

2020.08.29

東京都特別水泳大会でレースを終えた後、ルネサンスの西崎勇コーチと

2020.11.25

白血病から復帰したラグビー豪代表（当時）のクリスチャン・リアリーファノ選手と

2021.02.21
東京都オープン50mバタフライ、25秒77で優勝。「久しぶりに楽しかった」

2021

2021.03
新潟県長岡市での合宿中、チームメイトの山本茉由佳選手とモグモグタイム

2021.04.04

日本選手権、100ｍバタフライで勝ち、東京五輪のリレーの派遣標準記録を切る

2021.04.04

東京五輪に出場が決まり、レース前の緊張から解放され涙が止まらなかった

2021.04.10
日本選手権で出場した4種目全てでの優勝は「想像もしてなかった」

2021.04
国体合宿にて。左から長谷川涼香選手、関海哉選手、本人、柳本幸之介選手

2021.05
「Number」の東京五輪プレビュー号の表紙撮影。日本大学のプールにて

JAPAN

JPN
R.IKEE

2021.08.01
東京五輪。400mメドレーリレーにバタフライで出場し、決勝に進んだ

2021.08.01
小西杏奈、渡部香生子、
五十嵐千尋と戦った東京
五輪、メドレーリレー

2021.08.30

東京五輪から3週間後、大会を振り返りながら、パリ五輪への決意を語る

2021.10.10
インカレで決勝に残った日大女子メンバーは全員メダル獲得、準優勝に貢献

2021.11.27
日大水泳部の公開練習にて。女子キャプテンとして観客に挨拶をする

2021.12.04
中学時代からのライバルでありチームメイトだった持田早智さんが引退

2022

2022.01
年始恒例の長岡合宿。雪の積もっている場所で練習後に天然のアイシング

2022.03
世界水泳の選考会で、100m自由形、バタフライともに派遣標準記録を切れず

2022.04
元競泳選手の小堀勇氣さんと腕の筋肉見せ比べ。負けてません！

2022.04
フリーリレー候補サポート合宿にて青木智美選手（横）、神野ゆめ選手と

2022.04.30

不安から泣きそうになるほど緊張したという日本選手権100m自由形決勝。結果は復帰後ベストタイムの53秒83で優勝した

2022.06
体力づくり中心の徳島合宿は、海上自衛隊の施設で行われた

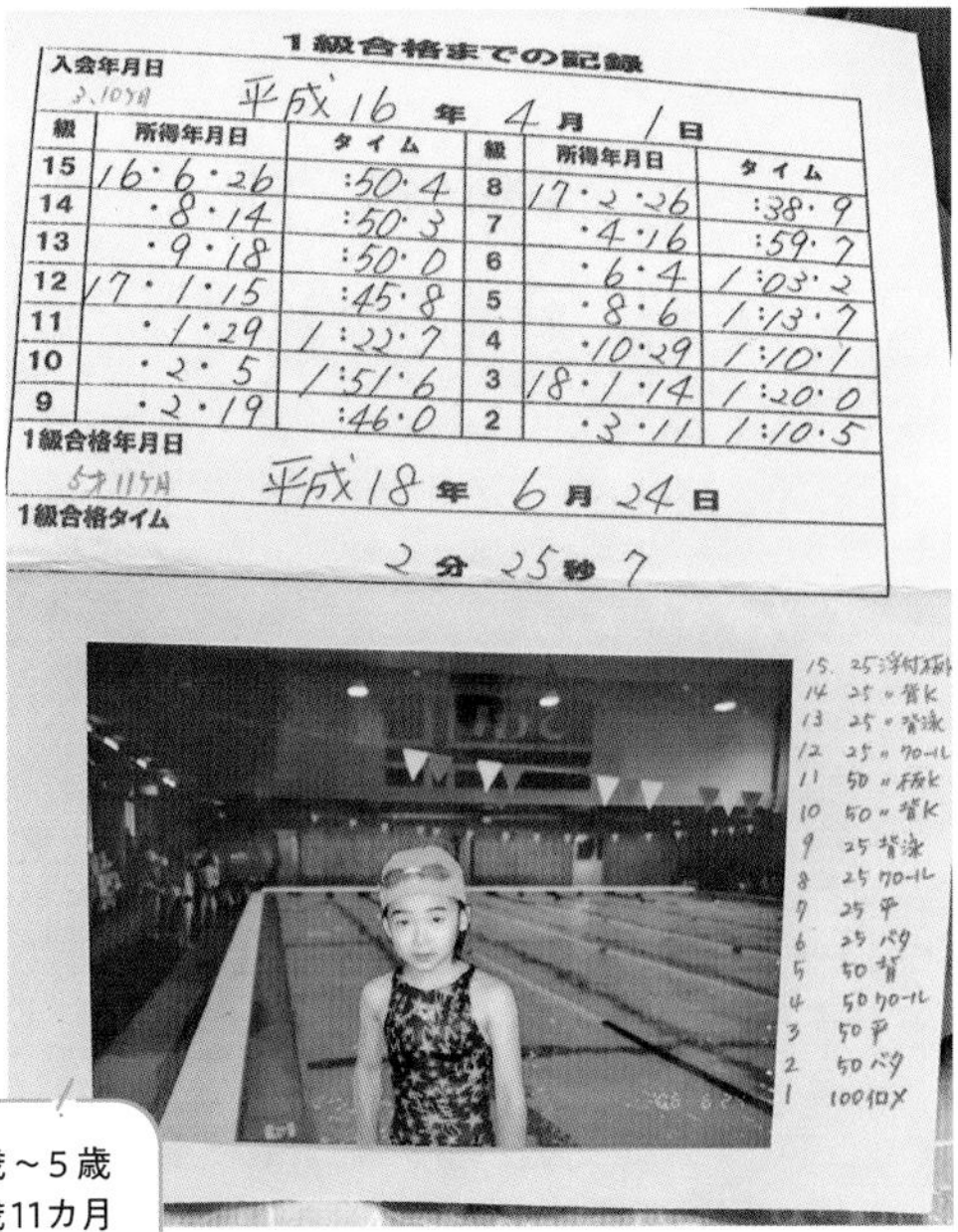

1級合格までの記録

入会年月日
3,10ヶ月　平成16年4月1日

級	所得年月日	タイム	級	所得年月日	タイム
15	16・6・26	:50・4	8	17・2・26	:38・9
14	・8・14	:50・3	7	・4・16	:59・7
13	・9・18	:50・0	6	・6・4	1:03・2
12	17・1・15	:45・8	5	・8・6	1:13・7
11	・1・29	1:22・7	4	・10・29	1:10・1
10	・2・5	1:51・6	3	18・1・14	1:20・0
9	・2・19	:46・0	2	・3・11	1:10・5

1級合格年月日
5才11ヶ月　平成18年6月24日

1級合格タイム
2分25秒7

水泳を始めた３歳～５歳までの記録。５歳11カ月で１級合格とある

2022.07.02

日中戦にて日大伝統の円陣「ワンパ」で部員とともに士気を高める

2022.07.04

毎年恒例、実家で過ごした22歳の誕生日。家族の手料理が食卓に並ぶ

2022.08.31
学生最後のインカレ。最終日800mフリーリレーで、アンカーに声援を送る

2023.01.08
東京都新春水泳競技大会に50m自由形、バタフライ、100m自由形で出場

2023

2023.01.08
合宿の一環で出場した東京都新春水泳競技大会、100m自由形は53秒59

2023.04.04
日本選手権初日の100 m バタフライでは優勝し、復帰後ベストを更新

2023.03.06
新社会人として横浜ゴムの一員に。記者会見で名刺の受け渡しを披露

2023.03
日大の卒業式に出席。「いろんな感情が入り混じった、素敵な一日だった」

2023.05.14

ヨーロッパグランプリのカネ大会で、友人でありライバルのサラ選手と

2023.05.26

ヨーロッパ遠征の後、パリに立ち寄り。初めてエッフェル塔と凱旋門を訪れた

2023.07.30

世界選手権、400mメドレーリレー予選後にメンバーと記念写真

2023.09
杭州アジア大会ではひときわ注目を浴びた。中国のファンにもらった横断幕

2024.01
23年10月より拠点としているオーストラリアに向かう空港で

2023.12.14
ブリスベン近郊で開かれたクイーンズランド選手権、50mバタフライで優勝

2024

2024.03.18
パリ五輪代表選考会。
100mバタフライで切符を
掴み退院後の目標を達成

プロローグ

２０１９年2月8日に白血病と診断されてから5年が経過しました。

私はその年1月18日から3週間の予定でオーストラリアで合宿中でした。でも全然練習ができなくて、アップでプールを上がってしまうこともありました。山登りのトレーニングがまた辛くて、顔面蒼白になるほどでした。他の選手がみんな速くて、ついていかないといけないないという思いで必死だったんです。

前年は8月のアジア大会で6冠を達成、その直前の１００ｍバタフライでは56秒08を出し、日本記録を更新していました。この頃はずっと56秒で泳いでいました。

それが、オーストラリアに行く前のレースで1分0秒41かかった。これはおかしいなと思いながらの合宿でした。

オーストラリア合宿最後の週末、土曜日に朝練習があり、日曜日はオフだったので海に行ったりしていましたが、調子が悪いのは変わらずだったので、月曜日練習してダメだったら病院に行こうという話になっていました。

月曜日を迎え、やっぱり練習ができなくて、病院で血液検査を受けたんです。病院の先生は、「何らかの異変が見られる、日本で精密検査を受けてほしい」と言ったそうですが、私は英語が分からない。当時18歳だった私に、周りの大人たちは「日本に帰って精密検査したほうがいいみたいだよ」と表現を和らげて伝えてくれました。

合宿は木曜日までだったので、それまでいたいと思いました。他のチームに入らせてもらっているのに、これまでろくに練習していない、できないまま帰るのか、という申し訳なさと、去年はあれだけできたのにというプライドからくる悔しさで帰りたくなかった。でもやっぱり帰らないといけない、と言われて、帰国を決めました。

帰国直前、カフェでコーチのマイケル・ボールや他の選手と軽く食事をして別れました。ホテルを出て車に乗って空港に向かう際、「帰りたくない、みんなと一緒に帰る、イヤだイヤだ」と大泣きしてスタッフを困らせました。

飛行機は滞在先からシドニー経由でしたが、シドニーでのトランジットの際、一度飛行機を降りて外を歩いてまた階段を上らないといけなかった。その階段がまともに上がれなくて、踊り場でいったん休憩して、しばらくたってからまた上がるという感じでした。今でもオーストラリアからの帰り道、似たような階段があると、この時のことを思い出します。それともうひとつ思い出すのは、あの日の青空。天気がものすごくよかったのを覚えています。

機内では、そんな大事になるとは思っていなかったので、不安な気持ちはありませんでした。ただ、マネージャーさんから見ると私はすごく辛そうだったようです。私自身はどう過ごしていたかあまり覚えていません。

朝5時20分に羽田に着くと、そのまま病院に向かいました。

9時に骨髄検査を受け、様々な人のバックアップのおかげでその日中に結果を出して頂けることになりました。マネージャーさんと二人、病室で10時間以上を過ごしました。

仕事から駆けつけた母が夜には病院に到着し、すでに真っ暗になっていた病院で、一緒に先生から診断を聞くことになりました。個室に呼ばれて入ると、そこには机と一台のパソコン、それからモニターがあって、先生と私が向き合い、母が隣に座りました。

先生は画像を見ながら、私が白血病であるということを告げました。私は、白血病?聞いたことあるけどどういう病気だろう、そんな重い病気なの?とよく理解できませんでした。母は横で泣いているように見えました。

今後の治療についての説明になり、「抗がん剤治療をします」と言われました。抗がん剤治療……小学生の時に本を読んだり学校で教えてもらったなと思いました。先生が「髪の毛が抜けたり、気持ち悪くなったりします」と続け――髪の毛が抜ける？　そこで一気に涙が出てきて号泣しました。

でも病室に戻った時には、治すしかないなと平常心を取り戻していました。すぐに入院となったんですが、自分でメッセージを出すことに決めました。翌日から3連休だったので、明けた2月12日に、ＳＮＳで公表することにしたんです。

「オーストラリアから緊急帰国し検査を受けた結果、『白血病』という診断が出ました。私自身、未だに信じられず、混乱している状況です。ですが、しっかり治療をすれば完治する病気でもあります。今後の予定としては、日本選手権の出場を断念せざるを得ません。今は少し休養を取り、治療に専念し、1日でも早く、また、さらに強くなった池江璃花子の姿を見せられるように頑張っていきたいと思います。これからも温かく見守っていただけると嬉しいです」

病気の重大さはまったく考えませんでした。治ると思っていたからです。自分が死ぬわけない。家族も私の前では表面的にはいつも静かにそばにいてくれました。

闘病中、すごく寂しい気持ちになることがありました。母は毎日、姉は一日おきに病室で付き添ってくれていたんですが、夜、時間がくると帰っていくんです。ベッドにいる自分からは病室の出入り口は見えない。「じゃあ、帰るね」って言われて、家族が帰っていくのが寂しくて。カーテンの向こうのドアが最後の最後に閉まる瞬間まで入り口の方を見ていました。部屋を出た後も、今どこを歩いているんだろうと考えたりしていました。

18歳の私は、「これでオリンピックに行かなくてよくなった」という気持ちが正直、頭をよぎりました。大きなプレッシャーを背負っていたのです。その時はまさか、東京五輪に間に合うとは思ってもいませんでした。10カ月後に退院した時も、私の目標は「パリ五輪出場」でした。

復帰してから4年、私が苦しみながらも目標を達成するまでの記録をここに残しました。

目次

大学2年生

東京五輪延期

大学3年生

東京五輪

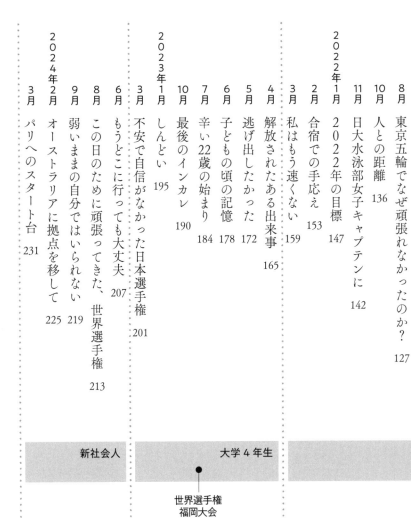

大学４年生

世界選手権
福岡大会

新社会人

４０６日ぶりのプール
——プールにいることの喜び

2020年
6月

２０１９年２月12日、白血病を公表した時、「さらに強くなった池江璃花子の姿を見せられるように頑張っていきたい」とメッセージを出しました。

何があっても水泳を続けたいという覚悟があったからです。絶対にまた水泳をやってやるぞという気持ちで入院したので、そこで引退するという考えはありませんでした。これを乗り越えたら、また一段と強くなった自分が待っている。そう思って、とにかくまずはこの病気を克服して、乗り越えていこう。そういう気持ちでずっと過ごしていました。

入院中私の中には、病気に負けたくないという思いがありました。体調が悪くてずっとトイレに籠もりきりのような時も、〝大丈夫、いつか終わる〟と、自分に言い聞かせて、負けてたまるかという気持ちで闘っていました。今までこんなに頑張ってきたのに、こんなところで自分の命をなくすなんて。今までの自分は何だったんだ、という後悔を絶対したくなかった。必死に耐えていました。

病気になったことは誰のせいでもないし、自分のせいでもありません。もちろん、なぜ自分が、と思って苦しんだことはありますが、考えていても仕方ない。入院中は、この1年、水泳ができていたら、どこまで記録が伸びていたのだろうとか、そういうことを考えた時期もありましたし、世界水泳をテレビで見て、自分はここにいるべきだったのに、と思ったこともあります。

ベッドで自分の昔の速かった時の映像を一人で見て、涙が止まらなくなったこともありました。そのあとすぐ看護師さんが入ってきて、「璃花子ちゃん、どうして泣いているの?」と心配されました。「自分の昔の映像を見ていたら泣けてきちゃいました」と言ったら、看護師さんも映像を見て、「ああ、すごいね!」と褒めてくれて。それだけでもすごく嬉しかった。ああ、前はすごかったなぁと。今では完全に過去の栄光だったという気分で見ています。

闘病中、つねにポジティブでいることはできませんでしたが、ネガティブなところから立ち直ってここまで気持ちを持ってこられたのは、自分自身の成長だと思っています。

2019年12月5日に退院しました。それからしばらくは、自宅で日常生活に必要な筋力を取り戻すためのトレーニングをしていました。

病院の先生からは、免疫力などの細かい数値をすべてクリアしないとプールに入っちゃダメとか、水に顔をつけちゃダメとか、ずっと言われていました。筋肉もなかなか戻らないので、もどかしい日々を過ごしました。だからやっとプール入っていいよと言われた時は、ものすごく嬉しかった。でも一方で、もうちょっと休んでもいいかなと思っちゃう自分もいたのが、正直なところでした。

今年3月17日、406日ぶりにいざプールに入ると、言葉に表せないくらいの嬉しさがあって、感情がこみ上げてきたんです。見に来ていた家族や周りの人が涙を流して、グッとこらえているのを見て、私が泳ぐのをずっと待っていてくれたのだなという実感が湧きました。だけど、自分が泣いているわけにはいかないなと思って、我慢していました。

嬉しい気持ちと、もう少し休んでもいいのではと思う自分——。自分の本心と、でも本心とは別の本心みたいなものもあって、両方の本心で上手く自分が成り立っているのかもしれません。この時は、ポジティブな方の心が、辛い心を包んでくれて、感じないようにしてくれていたのだと思います。

今は何か具体的なレベルを目指すというよりも、まずは泳げている環境に感謝しています。退院してからしばらくは、免疫力が低いから友達にもあまり会わないようにしていて、そろそろいいかなというタイミングでコロナ問題が起きて、友達にも会えなくなりました。病院にいた時から日常を奪われていたのに、日常生活に戻ってからも、またその日常生活が奪われてしまいました。だから今は、こうして友達と会えて、プールで練習ができて、また強くなっていける自分がいるという状況を、すごく大切にしています。

普通に生活していること、自分で買い物に行ったり、好きな映画を見たり、やりたいことをやるということ。そういう日常が本当に今の一番の幸せです。練習はきついですが、病気の時のしんどさに比べたら全然きつくはないでしょ、って自分に言い聞かせています。自分にしか分からないことなので人と共有することはないけど、自分がきつくなった時は、こういう経験をしたから、次また乗り越えられると思ってトレーニングをしています。

それと、病気の人の気持ちも、アスリートの気持ちも分かるようになったと感じています。こうやって私のように普通に元気に暮らしているように見えても、持病を持っていたり、辛い思いをしている人もいます。若くて、元気に見えても、そういう人もいるんだよというのを感じてもらいたいです。

私は病気になる前は、毎年1月に手帳に、その年の試合日程と目標タイムを書いていました。日記を埋めるということが好きなんです。予定がどんどん増えていくのが、すごく嬉しい。暇なのがあまり好きじゃなくて、忙しいのが好きなタイプなんです。だから水泳の記録を手帳に書く時も、目標としていたタイムを切れた時にどうだったかなどを書いていました。例えば日本選手権でどんなタイムを出すと決めて、結果はどうだったのか。それを書いて、次の課題を考えます。どこを意識して、どのタイムを狙っていくのか。

入院中も最初は書いていたのですが、体調が優れない時も多くなっていったので書かなくなりました。でも、書いていたものを読み返すと、こんな風に感じていたんだなと思いますね。辛いことを周りの人に言えない分、日記に書いていたというのはあります。

退院しても、手帳にはまだ何も書いていません。いつの試合に出られるかも決まっていないですし、自分の実力は一回泳いでみないと分からないですからね。一回試合に出られたら、また新たに手帳を作るんじゃないかなと思います。

水に入るようになってからは本当に回復が早くて、筋肉も、陸上でトレーニングをするよりも泳いでいた方が戻ってきています。今までずっと泳いできた自分にとっては、泳ぐことがすごく大事な筋力トレーニングになっていると実感しています。

6月にグループ練習を始めてからは、別の悩みが出てきています。私の場合、他の人よりも自分の限界以上にいっちゃうんです。だから、気持ちは前向きでも、追い込みすぎて体がついていかない時があります。まだ、体重と筋力と追い込みのバランスが合っていないので、体に負荷をかけすぎちゃうことがあるのです。

体重計に乗ると、普通の状態に比べるとまだまだ軽いのに、もっと軽い数字を見ているので、ああこんなに増えちゃったのかって思うんですよ。増えているのは良いことなのに、ちょっとショックでもある（笑）。

筋力がついてきたので、練習でのタイムも縮まっています。毎回タイムが縮まっていくので、チームメイトもその度に驚いています。自分にとっては喜びです。

フォームや技術面はあまり変わっていないと思います。技術面は意外と忘れていなかったですね。自分の持ち味である肩の可動域も、泳がなかった期間が1年以上あったのに、全く硬くなっていなかった。意外と前の状態と変わらなくて、自分の強みが残ってくれていて、安心しました。

当面の目標は、10月のインカレ（日本学生選手権）でレースに復帰することです。昨年9月のインカレは、ちょうど一時退院していたタイミングだったので、会場を訪れました。今年は絶対に来年は自分が出てやる！という気持ちで仲間のレースを見ていました。

に達成したい、それが一番近い目標です。

一度何かのレースに出たら、その後のタイムや試合が見えてくるのではと期待しています。その後はパリ五輪です。出場し、メダル獲得という目標で頑張っていきたい。そして、年齢に関係なく行けるところまで泳いでいきたいと考えています。

photograph by Shin Suzuki

20歳になりました

2020年
7月

退院して7カ月。元気になった姿を皆さんに見てもらうため、マスコミに向けて練習を公開しました。

9時から始まる大学の1限目「スポーツ生化学」をオンラインで受けた後、10時15分にプールに集合し、11時から入水しました。コロナの感染予防のため、来てもらったマスコミはテレビ1社、新聞1社。練習の様子はライブ中継し、他のマスコミにも見てもらえるようにして、インタビューの内容もシェアしてもらいました。

久しぶりにいろんな人に自分を見られて恥ずかしい気持ちもありました。現地に来てくれた2人の記者は、強かった時の自分を知っている方たちです。弱くなった今の自分を見て、言葉にはしなかったけどきっと「体つきがずいぶん変わったな。病気しただけに」と思っていたでしょう。

退院したばかりの頃は本当にがりがりになっていましたが、7カ月経ってだいぶ筋肉がついてきました。以前のような体に戻らないとスピードは出てこないと思う一方、あんまりつけたくない気持ちもあるんです。着たい服が着られるようになったし。別の記者から、「すごく痩せちゃったね」と言われたこともありますが、今の私にはそれはちょっと嬉しい。本当に必要な筋肉だけをつけていきたいです。

食事は、思うように食べられない時期もありましたが、練習量も増えてきて、食欲も出てきました。たくさんのおかずと、ごはんをお茶碗1杯ほど食べるのが通常です。

練習後は、部屋でホラー映画を見て、18時に夕食をとって、大学の課題をして、22時ごろ寝ています。

練習を公開した2日後の7月4日、20歳になりました。11時からの練習が終わると、まず外のプールで記録会をしていた日大水泳部のみんながお祝いしてくれました。その後、目隠しをされて別の場所に連れていかれ、一緒に練習をしていたルネサンス（所属クラブ）のチームメイトがハッピーバースデーを歌ってくれたんです。目隠しで歩くのは、ちょっと怖かったです。

家に帰ると、リビングが飾られていて、7歳上の姉がケーキを3つも作ってくれていました。姉は料理もケーキ作りもとても上手なんです。家族みんなに祝ってもらって嬉しかったです。
20歳の誕生日って、お酒をもらったりするものなんですね。知らなかったので驚きました。私の生まれた2000年の赤ワインをいただいて、飲んでみましたが、全然大丈夫でした。いつもより明るくなったくらいです。
年齢が上がっていっても気持ちになんら変わりはありません。これからもそんなものなんでしょうか。

定期検診の結果は、ほとんど平常値でした。これまでは血液の数値が、薬の影響でバラバラでしたが、すべてにおいて安定してきて、先生からも「元気ですね！」と言われました。定期検診は、入院中に仲良くなった友達に会えることが毎回楽しみです。

さあ、これから10月のインカレまで、練習も集中モードに入ります。

国立競技場での涙

2020年
7月

新型コロナウイルスの影響で来夏に延期になった東京五輪の、開会式1年前に当たる7月23日、記念イベントに出演しました。11時半からの練習のあと、国立競技場に向かいました。

6月下旬に、新しくなった国立競技場を初めて訪れた時は、ここでオリンピックが開催されるんだ……と実感し、その大きさと雰囲気に圧倒されました。

まずはリハーサル。完璧とはいえないまま午後8時からの本番となりました。イベントは無観客で、ネット中継されています。失敗は許されません。めちゃめちゃ緊張して、フィールドの中央に向かって一人で歩いていきました。

スピーチには、アスリートや、何かと闘っている人たちに少しでも勇気や希望を届けられたらな、というメッセージを込めました。

今日は、一人のアスリートとして、そして一人の人間として少しお話しさせてください。

本当なら、明日の今頃、この国立競技場では「ＴＯＫＹＯ ２０２０」の開会式が華やかに行われているはずでした。

私もこの大会に出るのが夢でした。

オリンピックやパラリンピックはアスリートにとって、特別なものです。

その大きな目標が目の前から、突然消えてしまったことは、アスリートたちにとって、言葉に出来ないほどの喪失感があったと思います。

私も白血病という大きな病気をしたから、よく分かります。思っていた未来が、一夜にして別世界のように変わる。それは、とてもきつい経験でした。

そんな中でも救いになったのは、お医者さん、看護師さんなどたくさんの医療従事者の方に支えていただいたことです。身近で見ていて、いかに大変なお仕事をされているのか、実感しました。

しかも今は、コロナという新たな敵とも戦っている。本当に感謝しかありません。ありがとうございます。

２０２０年という特別な年を経験したことで、スポーツが決してアスリートだけでできるものではない、ということを学びました。さまざまな人の支えの上に、スポーツは存在する。本当に、そう思います。

今から1年後。オリンピックやパラリンピックができる世界になっていたら、どんなにすてきだろうと思います。今は、一喜一憂することも多い毎日ですが1日でも早く、平和な日常が戻ってきてほしいと、心から願っています。

スポーツは、人に勇気や、絆をくれるものだと思います。私も闘病中、仲間のアスリートの頑張りにたくさんの力をもらいました。今だって、そうです。練習でみんなに追いつけないし、悔しい。そういう思いも含めて、前に進む力になっています。

「TOKYO 2020」

今日、ここから始まる1年を単なる1年の延期ではなく、「プラス1」と考える。それはとても未来志向で前向きな考え方だと思いました。

もちろん、世の中がこんな大変な時にスポーツの話をすること自体、否定的な声があることもよく分かります。ただ一方で思うのは、逆境から這い上がっていく時には、どうしても希望の力が必要だということです。希望が遠くに輝いているからこそ、どんなに辛くても、前を向いて頑張れる。

私の場合、もう一度プールに戻りたい、その一心で辛い治療を乗り越えることができました。

世界中のアスリートと、アスリートから勇気をもらっているすべての人のために。
1年後の今日、この場所で希望の炎が輝いてほしいと思います。

競泳選手　池江璃花子

最後は、自分がもしオリンピックでこの場に立てたらという思いと、無事にスピーチが終わった安堵感で涙がこぼれてしまいました。

次の日ネットを見ていたら、私のことに批判的な意見がありました。気になるし、落ち込むけど、立場上、たくさんの人の目に触れるようになり、その分様々な意見があって、その中には批判的なものもあること、それは仕方のないことだと思っています。昨日のようなメッセージを発信できる立場でもあるということをポジティブに考えたい。

7月末、私は練習が休みだったので家にいると、練習に行っていた子から、「日大水泳部に新型コロナウイルスの感染者が出たから練習が中止になった」と連絡がありました。同じ水泳部内だったので、焦りましたが、実際これだけ感染者がいるなかで、身近な人が罹患するのは時間の問題だと思っていました。コロナになったら悪者扱いされることが多いけど、それは違うと思います。自分がどんなに気をつけていてもなってしまう時はなってしまう。私のような持病がある人や高齢者もなってしまうかもしれない。周りの人との付き合い方も一層気をつけないといけない。私は主治医の指示に従って、血液検査とレントゲンを2回とってもらって、問題ないと言われました。

その後、日大水泳部の感染者が10人を超えて、8月27日に出場予定だった中央大学との定期戦が中止になりました。10月のインカレに出るためには事前の大会で標準記録を突破しないとなりません。急遽、8月29日の東京都特別水泳大会に50m自由形でエントリーすることにしました。26秒8、それを上回るのが目標です。

去年12月に退院した時には、まさか8月に大会に出られるとは思ってもいませんでした。移植をした場合、最低でも1年は水に入れないだろうと言われていたところ、私は免疫力の回復が順調で、プールに入れる状態になりました。完全には戻っていないので、100mはレースではまだ泳げません。でも50m自由形なら、インカレのタイムも切れるんじゃないかという泳力がついたのは自分でも驚いています。私が持っている日本記録は、24秒21。過去の自分と比べると気持ちがダウンすることもあるけど、そこはなんとか持ち堪えてやっています。レベルは低くても、目標を持つことが大事。

1年7カ月ぶりの実戦。若干不安もあるけど楽しみたいです。

復帰して初めての大会

――思い出した勝負の心

2020年
8月

8月29日、東京都特別水泳大会に出場するため、辰巳に一人で向かいました。当たり前に通っていた東京辰巳国際水泳場までの道が、急に行くことができなくなって、スイマーとして寂しかったんです。ついにこの道をまた通れるようになったのかと思うと、胸がキュッと締め付けられました。病気の間、水泳ができなかった悔しさと、ここに戻ってこられた嬉しさ、様々な気持ちを、50m自由形にぶつけるつもりでした。

西崎勇コーチが「とにかく楽しんでこいよ」と言ってくれて、私も楽しみたいと思っていたんですが、復帰して初めての大会なので不安もあって、待機している間は緊張が収まりませんでした。

でも、スタート台に立った時は、以前と変わらず、緊張はありませんでした。スタート直後はまだ筋力が足りないせいで少し出遅れましたが、浮き上がりのスピードはよかった。

いつもなら飛び込んだ瞬間から横を見て自分の位置を確認するんですが、緊張して自分のレーンしか見られませんでした。横を見たら体が固まってしまうのではと思って。「私の持ち味の大きなストロークは健在だ。泳ぎの技術は衰えていない」と感じながら泳いでいました。ラスト15mのところで呼吸のタイミングがあったので、横を確認すると、自分が少し前に出てることが分かり、もし今トップなら、このままトップで終わりたい！と強い気持ちが生まれました。26秒32でゴール。組で1位でした。

復帰一発目で、目標タイムを上回るこのタイムが出たことに驚きました。これは結構速いんじゃないかと。第一段階としてはすごくよくできたと思います。

プールから上がって、あれ、私泣かないんだと思っていたら、マネージャーさんの姿を見つけた途端に涙が溢れてしまいました。その後、西崎コーチに会って「試合の前とは全然表情が違うな」と言われました。10月のインカレに出るためにはこの大会で結果を出さなくてはならなくて、数週間、練習中も大丈夫だろうかと張り詰めていたので、泳ぎ切ってすっきりしました。

すぐに映像で泳ぎをチェックすると、練習ではあまりうまくいっていなかった浮き上がりが、試合で並んだ中で見ると、意外とイケてると気づいて嬉しかったです。

課題は、体力と筋力。やることは決まっているので、そこを徐々に進めていくだけです。

焦る必要はない。私の技術は自分でも高いと思っているし、コーチからも最近、泳ぎがハマってきていると言われているのでそこは安心しています。

大会が終わった瞬間に、一気にスイッチが入りました。どんなきつい練習でも全力でこなしてやろうという気持ちになりました。9月4日には、復帰後初めて2部練習に参加したんですが、びっくりするほどの筋肉痛になりました。その後はもうやっていません。今後は段階を追って負荷をかけていきたいです。

9月17日に、10月のインカレ出場が決まりました。50m自由形のランキングが出て17位でしたが、正直何とも思いませんでした。今は順位にこだわらない。来るときは来る、と思っています。

去年のインカレは応援席にいて、悔しい思いをしました。来年は絶対に出る！と決めて、それがかなったことが嬉しいです。まずは試合に出られる喜びを噛みしめて、その次にタイム、最後に順位がついてくると思っています。タイムは、前回よりは0・1秒、いやもうちょっと縮められるかな。

今月は、家族と一緒に、成人式の前撮りをしたんですが、来年の成人式までに髪の毛が伸びてほしい！

インカレ出場
——悔しさと嬉しさ

2020年
10月

10月1日、待ちに待ったインカレの日。みんなで大学のバスに乗って、11時に辰巳に到着しました。

東京都特別水泳大会から1カ月、毎日満足のいく練習ができていたので、不安要素は全くありませんでした。50m自由形で、シーズンベストを確実に出す自信がありました。本来持っている自己ベストよりは遅いけれど、シーズンベストが今の池江璃花子の自己ベストだと思っているから、すごくワクワクしていました。

予選直前に、1年前、来年はここに出たいと本気で思い、そのために一生懸命頑張ってきて、ついにその試合に出られるんだと思ったら、泣きそうになりました。

決勝ラインは26秒1くらいだろうからそれくらいが出たらいいなと思って飛び込みました。タッチして電光掲示板を見ると25秒87。全体的にハイレベルな闘いになり、26秒1ではギリギリ残れなかったくらいです。このレベルの中、全体6位で決勝に進めたのは嬉しかったです。

東京都特別水泳大会から一番変えたのは、呼吸のタイミングです。病気をする前、50mの試合はノーブレスでした。今はまだ肺の機能が戻っていないので、それはできません。前回、残り15mのところで呼吸をしたら、最後へばってしまったので、今回はもう少し我慢して、あと1~2m先で呼吸をしたら、最後までもちました。練習では、50mで呼吸を止めると体への負担がかかるので、25mのスプリント練習で、12・5mの少し先くらいで呼吸をするというのをやっていました。

あとは、気持ちの面の変化。復帰後最初の試合はすごく緊張していたし、不安もあったけど、今回は心の底から試合を楽しめました。

決勝は、予選から2時間後でした。2時間で予選、決勝を泳ぐことは普通ないし、2部練習もやっていなかったので、若干怖かったです。タイムにはこだわらず、とりあえず泳ぎ切れればいいかなという気持ちでした。結果は、25秒62で4位。3位との差は、0・04秒、第1関節分くらいの争いだったので、やっぱり悔しいです。でもここでメダルを獲っていたら、それ以上のものを求めてしまうかもしれない、今はこれでよかったと思っています。

宿舎に戻り、夜の全体ミーティングで、「明日の400mリレーのメンバーに体調不良で出られない選手がいるので、代わりに璃花子が予選に出てくれ」と言われました。「400mリレーでは絶対に使わない」と言われていたので、「えっ、ちょっと待って、100mの練習全然していないし、どうしよう」と思ったんですが、もともとリレーは大好きなので、だんだんワクワクしてきました。

同じルネサンスのチームメイトが2人入っていて、来年のインカレでは一緒に組みたいねと言っていたので、それが叶ったかと思うと、レース前にはまた泣きそうになりました。（持田）早智からは「58秒かからなければいいよ」と言われていました。その早智から2位で引き継ぎました。普段の私ならあそこでしっかり抜かしていたけど、なんとか差を縮めて繋げました。56秒19。目標は57秒台だったので、めっちゃ嬉しかったです。なんなら決勝も出たかったな。体力的に厳しかったですけど。

2日間で大学にポイントの面でも貢献できたし、満足のいく試合になりました。でも、頭にはすぐに来年のインカレのことが浮かびました。インスタにあげた「来年こそは絶対活躍します」という言葉には深い意味があります。中学生以降はほとんど負けたことがない私が、今回負けた。悔しい気持ちはもう十分。この悔しさを来年ぶつけてやる！

インカレ後、練習のない日に、今井月《るな》選手と東京ディズニーランドに行きました。退院後、何が欲しい？と聞かれたら、ディズニーのチケットと答えるくらい、大好きなんです。実は大学のオンライン授業があったから、ランドのレストランで受けていたんです。終わったから次の乗り物に行くかと歩きだしたところで、「皆さんもう一度顔を見せてください」と先生の声がしたので、慌ててビデオをオンにしたら、しっかりミニーの耳がついてた私。パッと取ったけど気づかれていたかもしれない。

戻ってきたメンタル

2020年
11月

辰巳に、東京2020大会のための新しいプール、東京アクアティクスセンターができました。10月下旬に、完成披露式典があり、デモンストレーションに出場させてもらいました。スケジュールの都合上、チームの練習に出てからだと間に合わないので、早めに会場に入って、一人で1時間練習をしました。水深が3mあって、雰囲気も日本のプールじゃないみたいでした。

デモンストレーションの4×50mリレーに一緒に出場したパラの浦田愛美《まなみ》選手は、アップの時に隣で泳いでいて、すごいな~と思って見ていました。その後ジャグジーでいろいろ話を聞くことができました。同じく山口愛斗選手は淑徳巣鴨高校の後輩で、親しくしていたので、久しぶりに会えて嬉しかったです。パリ五輪には一緒に出たい。

ここで自分が初めて泳ぐということは誇らしかったし、試合で泳ぐ日が待ち遠しいです。

先月、白血病の治療で移植をしてから1年目の検診があり、全身のチェックをしました。その結果を10月の通院で聞くことになっていました。大丈夫だろうと思っていても、いざ先生から話を聞く時にはドキドキ。心配することは何もないと言われて、ホッとしました。これからは月1回の通院も6週間おきでいいということでした。

世界に向けて挑戦し続ける音楽家、アスリートに贈られる服部真二賞をいただきました。私を選んでいただけたことが率直に嬉しいです。11月2日に、帝国ホテルで授賞式があり、日大水泳部のオフィシャルスーツを着て出席しました。大学に入る前に作ったものだったので、体に合わず、もう一度作り直す必要がありました。ネクタイを結ぶのは難しかったです。

音楽賞を受賞したピアニストの紀平凱成《かいる》さんの演奏を聞いて、鳥肌が立ちました。普段音楽家の方と交流する機会はないので、貴重な時間でした。

契約しているミズノに、私のブランド「Ｒｉコレクション」があります。その打ち合わせがあり、授業の後、ミズノ東京に行ってきました。２Ｆにあるストリーマーエスプレッソのアイスラテが、濃厚で舌触りがめちゃめちゃよくて美味しいんです。いつも寄ってしまいます。昔はコーヒーは苦手でしたが、入院中に味覚が変わって今はすっかりコーヒー党です。

11月中旬、チームは高地トレーニングに行きましたが、私にはまだ負荷が高いので、その間は西崎コーチから送られてきた練習メニューを別のコーチに見てもらって一人で練習しました。

今の期間は、強化が中心です。10月のインカレまでは50mをメインでやっていましたが、来年に向けて100mを泳げるように、少し距離をのばして練習しています。50mの練習では平均タイムも縮まってきて、全体的にレベルが上がっている実感があります。とにかくきつい時でも、「上がっているんだ」とポジティブに考えるようにしています。マイナスなことを考えると、やる気も起きないし、練習も身にならない。復帰後それを経験したから、もう繰り返したくありません。

病気する前は全然ネガティブに考えることはなかったので、そこも戻ってきた感じかな。次の試合が楽しみです。

今月は、外で美味しいご飯もたくさん食べました。姉とお昼にお鮨屋さんに行って、その夜、兄も合流してお肉屋さんでご飯を食べ、きょうだい3人で久しぶりにゆっくり過ごす時間もありました。また別の日には、同じ病院の同じ病棟にいた4人と焼き肉屋さんに行きました。入院中から「退院したらご飯に行こうね」と言っていたのがやっと実現したんです。みんな、私が一番忙しそうだから声を掛けにくいと言っていたので、私から誘って、私のお気に入りのお店に来てもらいました。すごく盛り上がった夜でした。

退院1周年

2020年
12月

リオ五輪の400mリレーに一緒に出場した松本弥生さんと食事する機会がありました。弥生さんとは10歳も離れていますが、可愛がってもらっています。2年前、弥生さんが2年ぶりに競技復帰する時には、私に初めて相談してくれ、弥生さんもそんな気持ちで頑張るなら、私も4継で決勝に残ってメダルを獲るという目標を掲げて頑張ろう、という気持ちにさせてもらったんです。そして自分も100m自由形の女子を強くするために引っ張っていかなくちゃいけないと思いました。その直後に病気が判明し、目標は変わってしまいましたが、この日は弥生さんに「一緒にパリ五輪に行きたいから、そこまで頑張って」と伝えました。弥生さんは、東京五輪に私と一緒に出たいようでしたが、五輪に出るのは簡単ではありません。私も段階を踏んでいかないとなりません。

10月のインカレの後、初めてピアスを開けました。本当は高校の卒業式の日に開ける予定だったんですが、病気になってしまい、開けられなくなってしまいました。ピアスもたくさん買ってあったんです。移植から1年経ったので先生に相談して、開けてもいいよと言われた時は嬉しかった。先日、セカンドピアスを買いに行きました。左右別々ですごく可愛いものを見つけました。

ラグビーオーストラリア代表のクリスチャン・リアリーファノ選手と対談しました。2016年に私と同じ白血病になり、その後復帰し2019年のW杯にも出場した方です。アスリートはやはり闘病においても、メンタルは一般の人に比べると強いほうなんだと初めて分かりました。お互いアスリートとして病気の時に思っていたことは一緒でした。リアリーファノ選手は、今もまだ病気のことを気にしながらプレーしているそうです。私も、病気はもう過去のこと、と思っていたけど、身体のことを気にするよう心掛けないといけません。

11月下旬から、新潟県長岡で6日間の強化合宿がありました。強度は変えずに距離を泳ぐ練習です。退院後初めて、一度だけ長水路で5000mにチャレンジしました。次の日、筋肉痛になりました。

12月5日0時0分に、チームメイトから「退院1周年おめでとう」というメッセージが次から次へと届きました。私が数日前コーチに「もうすぐ1年なんですよ」と言っていたのを聞いていたのかもしれません。嬉しかった。ありがとう！

1年前には想像できない自分が今います。退院してからも2kg体重が減りました。食べてもすべて戻してしまうし、「生きていくのに食べる行為は必要なのか」と思うほどでした。去年の12月下旬に陸上で体を動かし始めた時もまだ体調は安定していなかったんです。本当にここまでよく戻ってきた。自分を褒めたいです。

12月7日に、定期検診で病院に行きました。いつも体調が良すぎて私から報告することはありません。先生からも「特になし」とのことでした。

次の試合が1月10日の東京都新春競技会に決まりました。短水路（25m）の100m自由形に出場します。インカレの後、そのための練習はしてきていますが、緊張します。でも不安はありません。

冬は強化期間。12月19日から合宿がありました。自分の限界を突破する練習をしています。追い込んで、疲れたら少し休んでまた追い込む。自分を甘やかしてばかりでは成長しません。

来年の目標は、50m自由形のランキングで1番になること。1位奪還する!

成人式はなくても

2021年
1月

年が明け、深夜に家族と地元の神社に初詣に行きました。本当は、年越しで家族旅行に行く予定でしたが、コロナの感染者が増えたのでキャンセルしました。楽しみにしていたから残念。でも、料理上手な姉がお節を作ってくれて、家で楽しく過ごしました。

3日から新潟で強化合宿が始まりました。新潟駅に着いたら、見たことのないほどの大雪でした。

8時に起きて体操をして、朝食を食べ、プールに向かう。練習後お昼休憩を長めにとって、午後練習。夕方練習を上がってから、ゆっくりお風呂に入るのがルーティーンです。水泳に集中できるこの時間は嫌いではありません。

私は、2部練習は1日の予定でしたが、せっかく合宿に来ているなら1回ではもったいないと思い、もう1日入れることにしました。みんなが練習しているのに自分だけ休んでいることへの不安と、強くなりたい、という気持ちが先走って、練習のボリュームを増やしてしまいます。元に戻ると思っているので、今はみんなと一緒にきついことをやる。耐え時です。

合宿中に、1月10日に出場予定だった大会の不参加を決めました。これまで長水路で2回出たので短水路でも出てみようとエントリーしましたが、感染者数が増えたのでやむを得ません。

1月11日は成人式のはずでした。地元の江戸川区はぎりぎりまで会場での開催予定でしたが、8日の夜に中止の知らせがありました。本当に残念でした。準備していた振袖を着て、中学の同級生と母校の前で記念撮影をしてきました。夜は家族とおうちでごはんを食べました。年末から続いた合宿の疲れが取れませんでしたが、3日間のオフでリラックスすることができました。

1月中旬に、日大の先輩、スノーボードの平野歩夢選手とオンラインで対談しました。先生たちからすごく無口な人だと聞いていましたが、笑ってくれる場面もあって嬉しかったです。競泳とは異次元の競技なので、目が回らないのかとか、着地する時にどこだか分からなくならないのかなど聞いてしまいました。結構目は回るみたいで、天候によって上と下が分からなくなることもあるらしいです。

1月23日、北島康介杯に出場しました。復帰後初めての100m自由形のレースです。最終組のセンターレーンと聞いて、コーチに「めっちゃ緊張するんですけど」と言ったら、「周りで泳ぐ選手も同じくらい緊張してると思うよ」と言われました。センターレーンで泳ぐとなると意地も出ます。4月の日本選手権に出場するためのタイムを切らなくてはいけません。

午前中の予選は、56秒16で決勝に進みましたが、思っていたよりタイムが出ませんでした。練習では55秒台が出ていたのに。5時間後の決勝。周りがみんなどんどん前に行くので、焦って後半はうまく泳げませんでした。55秒35でまた4位。悔しいの一言に尽きます。日本選手権には出られることになったので、そこでは満足のいくレースがしたいです。

チームメイトの山本茉由佳と腕の太さを比べたら、あまり変わらなくなってきました。嬉しい反面、ああ、もう戻っちゃったかという気持ちも……。

優勝しました!!

2021年
2月

2月7日、復帰後4戦目となるジャパンオープンに出場しました。4月に控える日本選手権のシミュレーションのため、アクアティクスセンター近くのホテルに前泊して、会場入り時間なども本番を想定して行動しました。

半フリ(50m自由形)でエントリーしたんですが、自分のエントリーランキングは13位だったので、決勝に残れるか心配でした。でも、予選は25秒06のトップタイムで決勝に進め、良いタイムが出てホッとしたのと、また4位だったらという気持ちを払拭できて、涙が溢れてしまいました。

6時間後の決勝では、スタート台で、失格になるんじゃないかというくらい足が震えていました。飛び込んでしまえば問題はなかったんですが……。結果は24秒91で2位。自分の持つ日本記録は24秒21です。こんなに早く、日本のトップの試合に戻ってこられるとは全く思っていませんでした。正直、びっくりしています。一方、私が2位になったことで落ち込んでいる選手を見かけて、ああ、そうなっちゃうよな、と申し訳ない気持ちになりました。私が休んでいた1年半、みんな頑張っていたのだから。もちろん私にも、ずっと1番だったというプライドがあります。これが勝負の世界です。

表彰式では私だけが笑っていませんでした。だって、2位は死ぬほど悔しかったから。笑えなかったら無理に笑顔を見せる必要はないと思って立っていました。

課題はスタートです。体重が増えたことが、結果に結びついていますが、もう少し増やさないと、泳ぎだけでは追いつけません。あと5kgは欲しいです。体重が増えて一番影響するのが、スタートなんです。このレースでも、スタートした時点で、トップと体半分離されました。錘《おもり》が重い方が下に行く勢いがつきます。滑り台と一緒です。それでもトップにほぼ横まで迫ることができたというのは、私の泳ぎが速いということ。プールの中からのスタートだったら、絶対にトップを取れたという自信がつきました。

その2週間後、復帰後初めてバタフライで東京都オープンに出場しました。バタフライは戻ってくるのに一番時間がかかりました。腕から肩周りの筋力が特に必要だからです。

東京都オープンにはそもそも、1バタ（100mバタフライ）と1フリ（100m自由形）で出る予定でした。でも、1月の北島康介杯が終わった後、コーチとの話し合いで、1フリが4位で終わって悔しいけど、半バタはユニバーシアードの対象になるからタイムを持っておいたほうがいいということになって、急遽、エントリー締切り直前に1フリから半バタに切り替えたんです。

2日前まで行っていた合宿では全くレースの調整はしませんでした。体が結構きつい状態だったので、辰巳での前日練習は、軽く筋肉をほぐす程度にしました。

そこで、1バタのイメージトレーニングをしようとしたら不思議な感覚になりました。白血病の診断を受ける直前の、2019年1月13日、三菱養和スプリントに1バタで出場し、自分でも驚くほど遅い結果が出たんです。そのレースを最後に闘病生活に入ったので、それ以来のバタフライのレースになります。それを思い出したんです。ああいう状態で終わったけど、やっとここに戻ってこられた、やっと自分の得意な泳ぎを見せられる日が来たんだと感慨深くて、イメトレをする余裕はありませんでした。

翌日午前中の1バタ予選では、スタート台でまた足の震えが止まりませんでした。いつもと違いました。予選では日本選手権の出場タイムを切るのが目標でしたが、1分0秒06で目標もクリアし、全体の2位で予選を通過しました。

夕方の決勝は、予選で体力を使い切っていたので勝つ気はなく、3位以内に入ればいいいと思っていました。予選の前半はゆっくり入ったので、決勝では攻めた入りをしたつもりでしたが、全然速くありませんでした。結果は59秒44で3位。目標にしていた59秒3には及びませんでした。

予選、決勝の2本を全力で泳ぐ練習はバタフライではまだしていなかったので、結構きつかったです。決勝後は、立ち上がれませんでした。2位との差はわずか0・09。さすがに高校1年生に負けたのは悔しかったですが、負けた時は、次はないぞという気持ちでやっています。

レース後に、100mに出るのは早かったかなと思いました。まだ100mの泳ぎ方が定まっていないし、前後半の力の発揮の仕方、余力の残し方も分かっていません。これは、練習と実践を積むしかありません。

とにかく、1バタに戻ってこられて本当に良かったです。

次の日、2月21日には、半バタがありました。午前中の予選は1番で行く自信があったので、緊張もせず、リラックスして泳げました。予選を全力で泳いだら、決勝で目標にしていた26秒3が出てしまったので、決勝でこれ以上伸ばせるかな、と心配になってしまいました。

午後の決勝。心配は杞憂に終わりました。泳いだら速かったんです。25秒77で優勝！久しぶりに楽しかったし、満足のできるレースで嬉しかったです。独泳状態を経験できて、この感覚かぁと、以前の記憶が蘇りました。半フリは、試合の泳ぎ方を思い出せない感じでしたが、半バタはその感覚を忘れていませんでした。だからこの結果が出たんでしょう。

レースをあとで見返すと、えっ、速っ！と思いました。泳ぎも予選より決勝の方がキレがあってすごく良かったです。何より1位になったことは、大きなステップアップです。以前の自分は、速くて当たり前、日本では勝って当たり前でした。それを失って初めて、勝つことの意味をちゃんと感じるようになりました。

課題もいくつかあります。バタフライは、腕に対しての足のタイミングが大事です。そこをもう少しいいタイミングで打てるようにしたい。キックの強さもまだ足りません。そしてやはりスタートも。これらはすべて病気の前にはできていたことです。それができるようになったら、タイムは伸びるはずです。

自分の持つ半バタの日本記録まで0・66に迫りました。病気になる前は、練習もすごくうまくいっていて、練習中に、次のレースでベストが出る手応えがあり、いつも早くレースがしたいと思っていました。今は、まだでしょと思う自分と、泳いでみるとタイムが出る自分、そこにギャップがあって、いい意味で、レースの度に自分の泳ぎとタイムに驚かされています。

思い返せば、退院して泳ぎ始めた時には、絶望しかありませんでした。自分の泳ぎとタイムは理想とかけ離れていました。だから、日本記録は生涯無理だろうとその時思ったんです。それが今、当時の自分の日本記録ももっと出せたんじゃないかというレベルで泳いでいる自分がいます。更新したいという気持ちもあるし、周りも「絶対いけるでしょ」と言いますが、自分の体のことは自分が一番分かっているので、頭の片隅にはそれは難しいんじゃないかという気持ちもあります。いつかもし記録を出した時、「意外といけちゃった」と言うかもしれませんが。

その上で感じる、練習の考え方ですが、私は、練習って同じ練習をしていても全く問題ないと思っています。大事なのは一回一回でどれだけ満足できる練習ができたか、どれだけ自信がつく練習ができたか。結果はそれによります。きつい練習をしたからって、そんなに速くなるわけではありません。自分に合ったメニューをコーチと相談してやっていくことが大切です。それが強くなる方法だと思います。

これから日本選手権まではさらに集中モードに入ります。その先には東京五輪がありますが、今の時点では本当にそれほど狙ってはいません。今の自分ではリレーに食い込める自信もないし、目標はあくまでもパリだから。みんなに「東京」って言われますが、自分にそれを求めないでほしいです。日本選手権を全力で泳いで、結果がついてきたらそれは喜んで、また次に向かって準備していくだけです。

日本選手権に向けて

2021年
3月

東京都オープンの2日後、オフを経てプールに入ったら、大きなダメージは感じませんでした。これなら4月の日本選手権の出場種目も増やせるかもしれません。試合から日が経つにつれて調子が良くなっていきます。恐らく、身体が若干なまっているところで試合に出て、思いきり身体を動かしたから、その後いい感じに動くようになったんだと思います。

2月26日、日大で、メディアに向けた公開練習がありました。たくさんのメディアから取材をしたいと声をかけてもらうんですが、コロナ禍でもあるので代表取材にしてもらいました。人前で話すのは嫌いじゃありません。病気の経験も含めてどんどん強くなっていく姿を、いろんな人に見てもらいたい気持ちがあります。あまり言葉のレパートリーはありませんが、言っていいことと悪いことを自分なりに考えながら話すようにしています。

3月頭には、久しぶりの通院がありました。担当の先生は、いつも私の競泳に関することには干渉しません。「試合に勝ってよかったですね」くらいです。あとは「元気そうですね～。分かりました」で診察は終わります。今回も、順調とのことでよかった！

3月7日から4月1日まで長岡で合宿しました。意識したのはスタート練習をしっかりやること。ブロークン系のレースに近い強度の高いメニューが入っていたので、そこで力を発揮して試合に向かっていくつもりで臨みました。

合宿前半に、日本選手権には50m、100mの自由形とバタフライの計4種目で出ることを決めました。100mバタフライに出るのは、また中途半端な結果が出てもいいのかと悩みましたが、せっかく標準記録を切ったのだから出ようと決断しました。やっと日本選手権に出られます。嬉しい。1種目でもいいから優勝したいです。ランキング1位の50mバタフライでは必ず！ 100m自由形は体力的にも難しいかもしれません。

復帰して初めて試合に出た時はスタートでだいぶ遅れていましたが、そこまでは遅れなくなってきました。日本選手権のようなハイレベルなレースでも、そこまで離れないんじゃないかと思っています。

午後オフの日は、(山本)茉由佳と映画を見てから散歩に。夕飯のあと青島食堂のラーメンもいただきました。これは別腹です。さっぱりしてて美味しかった〜。

3月17日、退院後初めてプールに入ってから今日で1年が経ちました。退院した日とプールに入った日は特別です。1年前は、「日本で1番」なんて言うのはまだ早いと思っていましたし、1年後の日本選手権に出られるなんて考えられませんでした。最近は、練習に取り組む気持ちが、完全にアスリートに戻っていて、私って病気だったっけ?と思う日もあるくらいです。これっていいこと? 悪いこと?

この前ルネサンスで練習した時、新しく始まるサービスのスマートスイミングレッスンを体験しました。水中やプールサイドに設置された数台のカメラで泳ぎを撮影。泳ぎ終わってすぐにそれをチェックすることができるんです。日本人は、欧米の選手のような身体やパワーはないけれど技術力はとても高い。子どもの頃から、泳ぎ方の技術を磨いて、段階をおって練習の強度を上げていくのがいいと思っています。その中で最初にやるべきことは泳ぎのチェックです。こういう練習を取り入れるのは、日本の中でトップスイマー、さらにはオリンピアンになるには必要なことでしょう。

日本選手権4冠！

2021年
4月

1カ月に及んだ長岡合宿の後半は、試合用水着を着て、レース形式の練習を多めにしました。距離は少なくても短い時間集中して力を発揮する練習を積んできました。タイムもすごくよかったし、いい感じに疲れが残りつつ体は軽い。適度に刺激が体に入った状態で日本選手権を迎えることになりました。

東京五輪代表選考会を兼ねる日本選手権は、最大11レースを泳ぐエントリーでした。復帰後こんなにたくさんのレースをしたことがないし、本当に大丈夫かなという不安は、合宿の最後のほうまでありました。でも最終的には、〝当たって砕けろ〟精神でいこうとチームで話しました。

アクアティクスセンターでの前日練習でも、体はすごく軽かったです。

4月3日、レースは1バタ（100mバタフライ）から始まりました。午前中の予選。ラスト15mが、めっちゃきつかったです。ターンも合わない。58秒68の全体2位で準決勝へ。ケアを軽くしてからホテルに戻って、ずっと寝ていました。18時過ぎに始まった準決勝でも、またターンがうまく合わず、最後にへばってしまいました。それでもタイムは58秒48と縮まったのは、前半50mを少し意識して速く入ったからだと思います。3位で通過しました。

翌日、1バタ決勝前のウォーミングアップで、タッチが合わないことをコーチに相談しました。スタートからのドルフィンキックの回数を9回に増やしてみようという考えがコーチと一致し、やってみたんです。それによってターンが合うかどうかは微妙でしたが、優勝を狙っているわけでもないし、自分の泳ぎを変えてタイムを上げることが一番だから、とりあえず本番でもやってみることにしました。

決勝直前の控えで、（山本）茉由佳が「ワンチャンいけんじゃね？」と言ってきました。私はそんなこと思いたくもないから「いや、さすがに無理だよ」と答えました。その後、「コーチに『ただいまっていう気持ちでレースに行ってこい』って言われたし、『ただいま』って言ってレースに入ろうかな」と茉由佳と話してたら、その姿を想像して泣いてしまいました。選手権の決勝に戻ってくることができた自分に対して、涙が出てきてしまったんです。でも、昔、緊張してゲートのところで泣いていた選手が、レースで結果を出せなかったのを思い出し、そうなったらまずいと思って、慌てて泣くのを止めました。

結局、ゲートを出る直前に、よし「ただいま」って言おうと思ったら、また涙が溢れそうになってヤバかったです。

レース中は、普段なら周りを横目で見るんですが、見たら絶対きつくなるから、ラスト15mくらいでようやくちらっと涼《すず》ちゃん（長谷川涼香）のほうを見たら、若干勝ってる？と思いました。でも、涼ちゃんは後半強いから、追いつかれるかもしれなかった。前にいると分かったら私も勝ちたいという気持ちになって、最後は足もしっかり入れて、出せる力は全部出しました。

電光掲示板の順位を真っ先に見ました。あっ1番だ、と思って横のタイムを見たら、リレーのオリンピック派遣標準記録を切ってる！　そこからはびっくりし過ぎて、涙が止まりませんでした。

夜、ホテルに帰ってもまだ心の整理がつきませんでした。でも、前のレースから1カ月半で1秒67縮められたことに、これからの自分の可能性を感じました。また、以前のように、予選で良くなかったところは準決勝で合わす、準決勝で良くなかったところは決勝で直すという修正力が、自分に残っていたことはよかったです。

4月5日、6日とレースがなかったんですが、体がめちゃめちゃ重くて、大丈夫かと心配になるくらいでした。

7日の朝は、起きたら調子が良くて安心しました。午前中、1フリ（100m自由形）予選があり、54秒30で1位通過できました。軽く泳いでも速く泳げることが分かったから、夕方の準決勝は練習感覚で、前半を流して、後半思いっきり上げるレースプランにしました。これがうまくいって、54秒36の1位で決勝へ進みました。

大会中は毎日8時間以上ぐっすり寝て、食欲もありました。8日は午前中アッププールで泳いでホテルに戻って決勝に備えました。レース前は空腹なのが嫌だから、ゼリーや水分などを多めに摂るようにしています。

17時5分、1フリ決勝。53秒98で優勝することができました。

53秒が出たのは嬉しかったけど、レース後喜んでいたのは、4人で400mフリーリレーの派遣標準記録を切ったからです。目標にしていたのは53秒8。予選、準決勝の感じだと出てもおかしくなかったから悔しいです。でも、53秒真ん中くらいまでは、すぐに出せると思います。
この日の夜、疲労がすごくて、翌日の半フリ（50ｍ自由形）に出ることを迷いました。中途半端な結果は出したくないからです。コーチは、明日ギリギリに決めてもいいと言ってくれました。

翌日の半フリ予選は、いつの間にか招集所にいて、流れ的にレースが終わっていました。25秒39で夕方の準決勝へ進みました。この種目も大会前は優勝を狙っていなかったけど、1バタで優勝したことで、勝ちたいという気持ちになっていました。でもどうせ2番だろうな、という気持ちもありました。準決勝は24秒87の学生新記録で1位通過しました。

最終日には3本レースがありました。キツイけど、半バタ（50ｍバタフライ）は優勝し、半フリも頑張れたらいいな、という気持ちで臨みました。
午前中、半バタ予選を2位通過し、夕方の決勝では25秒56で優勝できました。その直後のインタビューで、「次に50ｍ自由形決勝がありますがどうですか」と聞かれ、私は「余力を残して泳ぎました」と答えました。他の選手が聞いたら嫌だなと思うことをあえて言ったのには意図があります。この後半フリで一緒に泳ぐ選手に対して、まだ余力があるのかとプレッシャーをかけることができます。そう言っておかないと、自分がビビっちゃうかなというのもありました。

そして、11本目のレースを、24秒84で勝つことができました。

夜、NHKスペシャルに生出演しました。自分の復帰してからこれまでの映像を見ながら思ったのは、このタイムを出すための練習を私はやってきたんだということ。みんなにずっと天才と言われ続けて、天才=努力していないというようなイメージがあって、自分でも努力していないんじゃないかと思うこともありました。でもこれで初めて自信を持って、頑張ってますと言える気持ちになった。

小さい頃は、宇宙人って言われてたんです(笑)。コーチの話を聞かないのに、周りよりも速い、何をすればそんなに速くなるんだって不思議がられていました。

日本選手権の翌日から日本代表合宿が始まりました。代表にこんなに早く戻ってこられるなんて。NTC(ナショナルトレーニングセンター)の新しいイースト棟に行けたのも嬉しかった。それにしても、筋肉痛がヤバかったです。

あらためて、選手権を振り返ると、まだ4冠獲ったことが信じられません。でも、日本記録を出し続けたり、勝ち続けるのは、嬉しいことでもあり、哀しいことでもあります。

中学生の頃から日本記録を出し始めると、出すたびに次第に周りから連絡がこなくなりました。勝つのが当たり前になると、みんなおめでとうと言わなくなるんです。学校に行っても、怖いと思われているのか、誰も話しかけてくれなくなりました。今回はそうなってほしくなかったけど、やっぱりそうなるかぁ……。

合宿は15日まであり、そのあと少しオフがありました。ルネサンスの仲間とのランチの席に、松本弥生さんがケーキを持ってきてくれました。「すごすぎてちょっと引いた」というメッセージが付いていました。

4月19日に練習を再開しました。東京五輪にはリレーで派遣されるので、そこに集中して、自分が持っているタイムよりマイナス1秒くらい出して貢献したいです。パリ五輪に個人で出場するための、準備段階と考えています。リオ五輪の時とは違った気持ちで臨むだろうし、考える余裕もあると思うから、しっかり楽しみながらレースしたいです。

1日6レースに挑戦

2021年
5月

4月下旬、今年9月に三重で開かれる国体に向けて、東京都代表の合宿がありました。私の他、関海哉選手、長谷川涼香選手、高校生の柳本幸之介選手、計4人のオリンピアンと、少年A、Bクラスの選手が一緒でした。私は涼ちゃんと2人で練習しました。メニューは涼ちゃんのコーチの長谷川滋先生に作ってもらいました。

日本選手権の後のオフ明けで、身体がまだ泳ぎに慣れていないせいもありましたが、先生のメニューはバタフライしか泳がない練習で、めちゃめちゃきつかったです。でも意外とすぐに身体が馴染んでいく感覚がありました。これだけやったら、バタフライがちょっと速くなった気がします。

6日目の合宿最終日は、2部練習を終えた後、次の合宿地、長岡に向かいました。到着したのは夜10時過ぎで、なかなかハードでした。

長岡では個人練習をしていたけど、同じプールで練習をしていた他のオリンピアンと合同練習する日もありました。前の合宿がきつかったので、長岡合宿では疲れを回復させる練習が多かったです。

練習時間が18〜20時だったこともあって、食後のラーメンには行けなかったけど、昼間に行った油そば屋さんは良かったです。美味しくておかわりしちゃいました。

大学3年生になり、ゼミが始まりました。研究テーマは「水泳における最大パワー」。自分の体を使って研究します。水中で腰にベルトをつけて牽引する機械で、引っ張るパワーを測定します。病気になる前にも測定していたので、病気の前と今と、筋力が付いていくこれからの記録を比べていったら面白いんじゃないかと思っています。技術が上がっているのか、パワーが付いたのかが分かります。グラフ化し、4年時には卒業研究としてまとめる予定です。

5月9日、千葉県水泳連盟公認水泳競技大会に強化の目的で出場しました。短水路の大会は、復帰後初めてでした。50mバタフライ、背泳ぎ、自由形、予選、決勝合わせて1日

6レースはさすがにきつかったです。こんなに泳いだのはジュニアオリンピック以来です。昔は短水路も得意だったけど、ドルフィンキックが苦手なのと、ターンの回転が遅いので、今はスピードに乗れる長水路の方が好きです。今回は、自分の短水路の現状を知るいい機会になりました。

バタフライと自由形の予選では、隣にドルフィンキックのめちゃめちゃ速い子がいて危なかったです。でも意地でも勝ちたかった。決勝は両方とも1位。タイムは長水路より遅いので、いいとは言えません。

背泳ぎは2位でしたが、タイムは27秒97でやたらよかったです。背泳ぎのスタートは何年やっていてもうまくいきません。

レースの翌日、つかの間のオフは、姉と六本木のお洒落なカフェに行きました。姉といるのが一番ラクです。服を選ぶ時も、姉の意見だと納得するし、お互い愛が強いんです。

5月中旬からはNTCで練習をしています。朝7時15分に起きて、朝食後、9～11時にスイム。2部練の時は昼寝をはさんで15～17時までスイムという日々を送っています。最近、質の高い練習ができていて毎日が楽しいです。

オリンピックまであと2カ月ちょっとです。日本選手権の時より速く泳いで、日本人選手だけでなく海外の選手も驚かせたい。海外の選手は久しぶりだしすごく会いたいです。1年半くらい英会話のレッスンをコツコツ続けているので、上手に使えるといいな。

考えさせられたジャパンオープン

2021年
6月

5月22日から、日本代表の活動として2日間、いきいき茨城ゆめカップに参加しました。初日は、復帰後初の200m自由形に出場しました。4月下旬の国体合宿最終日に、200mのリレー形式の練習があり、2分4秒で泳いでいたので、試合用水着なら2分0秒も出るんじゃないかと思っていました。ところが、2分8秒44で予選敗退。前半置いていかれて、自分のペースで行こうと思っていたけど、ちょっと上げたら、全然周りに追いつけませんでした。それで気持ちが折れてしまった。試合に参加していかないとダメですね。

2日目は、専門ではない100m背泳ぎで優勝しました。目標の1分1秒9は出なかったけど、普通にバックの練習を増やしていけばタイムも上がっていくんじゃないかな。

大会の翌日には久しぶりの通院。異常は見られず安心しました。

5月25日から29日まで、神奈川県立スポーツセンターでルネサンスの強化合宿がありました。ジャパンオープンに出場する予定の持田早智選手、山本茉由佳選手、山川唯巴《いのは》選手と一緒でした。

ルネサンスの合宿が終わった2日後には、代表合宿が始まりました。日本選手権直後の一次合宿よりは、ジャパンオープン前ということもあって締まった雰囲気でした。

リオの時と比べると年下も増えたけど、オリンピックは初めての選手ばかりなので、まだ自分が率先して動かないといけない場面もあります。２０１６年の頃よりはだいぶ気を遣わなくなりましたが。

ジャパンオープンは6月3日に始まりましたが、まだ合宿の疲れが取れていない状態でした。初日と2日目の平泳ぎの筋肉痛と疲れもあるなかで、３日目に１フリ（１００m自由形）に出ました。予選は1位だったけど決勝では54秒26で2位。日本選手権よりタイムを伸ばせると思っていたし、負けるつもりはなかったのですごく悔しいです。普段泳がない平泳ぎに出たことを後悔しました。代表選手のなかで自分だけ予選落ちしたことに落ち込み、精神的にも整っていませんでした。

1フリに比べると、翌日の1バタ（100mバタフライ）は自信がありませんでした。復帰後、日本選手権の決勝でしか勝ったことがなかったし、長谷川涼香選手に負けるんじゃないかという考えが頭から離れなかったんです。でもどうしても勝ちたいという気持ちもあって……。逆に前の日はそういう気持ちが欠けていたかもしれません。たぶん勝てるだろうという軽い気持ちで泳いだのがいけなかったと思います。

最後は自信を持ってレースに挑むことができたけど、レース前に涼ちゃんに「調子どう？」と聞いた自分には焦りがあったんでしょう。

それだけに、優勝できたのは嬉しかった。自信を持ってレースに挑むことはすごく大事です。でもあまり持ちすぎても1フリのようなことになります。自信を持ちつつ、気を抜いたら負けるぞと思っておかないといけないと気づきました。

こういう考えは、病気になる前の2018年には、国内に限ってはありませんでした。ちょっと流し気味で泳いでも、2位と1秒くらいはタイムが離れるような感じでした。当時は余裕を持って泳げていたけど、今はその余裕はまだありません。

ジャパンオープンは身体もきつかったけど、気疲れもした４日間でした。でもいい経験ができたし、いろいろと考えさせられる試合になりました。その一つは、２０１８年の頃と比べて、身体の回復に時間がかかること。当時は１日寝たら回復していたけど、そうはいかないことがよく分かりました。

１フリで負けたことは、次に泳ぐ時に、タイムを爆発的に更新するための出来事だったと思うようにしています。

１バタで勝てたのは、５月に涼ちゃんと一緒にやったバタフライに重点を置いた合宿の効果もあるように思います。４月の日本選手権までは、バタフライの練習でもレースでも、きつくて身体が動かなくなる恐怖心があったけど、あの合宿をやったことで、身体の面でも気持ちの面でも最後まで耐える強化ができました。それはすごくよかったと思っています。また機会があったらバタフライの特訓をしにいきたいです。

東京五輪には、自由形で４００ｍリレー、バタフライで４００ｍメドレーリレーの代表に選ばれているけど、自分は自由形とバタフライ、どちらが合っているのかは、まだ分かりません。

残り１カ月、正直、どっちも力を入れていきたいです。自由形は、50ｍは自己ベストに近いタイムで泳げるようになっているけど、１００ｍはまだまだです。50ｍであれだけ速く泳げていれば、１００mももう少しタイムを上げていけるはずです。そういう意味ではいろんな部分で伸びしろがあると思っています。

バタフライは、もっと速く泳ぎたいけど、今までの自分や世界と比べてもあまりにもレベルが低いので、できる限り早く1秒でも縮めて、そこからまた徐々に波に乗ってタイムを56秒くらいまでに戻したい。

世界を意識できる自分にも早く戻りたいです。

6月11日、日大三軒茶屋キャンパスで7時30分から10時過ぎまで練習しました。今は、持久系の練習と、後半に上げるイメージの練習を多くしています。自分としては、前半遅れるので、前半からしっかりいく練習を入れていきたいです。それはもう少しオリンピックが近づいてから詰めていく予定です。

練習後に、シェイクシャックのハンバーガーを食べに行きました。退院してからいつか食べたかったので、幸せを感じました。

6月14日から、NTCでの合宿に入りました。代表に入って、正直ここまでハードだとは思っていませんでした。高校生の時も合宿はたくさんありましたが、学校もあったたから、朝練が終わって高校に行って、午後練習という生活でした。学校での時間が息抜きになっていたかもしれません。あの頃はコロナもなかったし。今は、合宿から帰ってきたら1日オフで次の日からまた合宿というパターンが続いています。コロナであまり外にも出かけられません。オリンピックまでは自分の時間はほとんどない。

自由になりたい。

東京五輪直前スペシャル対談

池江璃花子 × 羽生結弦
「ただ、勝利のために」

――お二人は初めてお話しされるということですが、これまでお互いをどのように見ていましたか。

池江　たぶんお聞きかと思うんですけど、一番衝撃を受けたのは、平昌五輪で羽生選手が金メダルを獲った時です。私は、スケーターに知り合いがいることもあって、スケートを見るのは結構好きなんです。その日、私は日本国内で試合（KONAMI OPEN）があったんですけど、羽生選手がオリンピックで優勝したと知って、「こんなに努力して頑張っている人がいるんだから、私もできるはず」と思い、200m自由形に臨みました。そこで日本記録を出せたりとか、ものすごくいい刺激をいただいています。

羽生　ありがたいです（笑）。僕からすると、こんな発言をしたらすごく年寄りみたいですが、若いのにいろいろなものを背負って頑張ってるなとずっと思っていて。

ご自身の病気のことはもちろん、他の病気にかかった人を勇気づけたいとか、元気になってほしいというものまで全部。そんなに背負わなくてもいいんじゃないかなと思いつつ、背負っているから強いんだろうなとも。一言で言うと、すごいなと感じていました。

池江　確かに背負わなくていいことまで背負っている気は自分でもしています。復帰してからは、病気した人代表みたいなものをすべてのレースで感じていました。でも、それをもっと軽くしたくても、どうやってそういう自分を作っていったらいいか分からないみたいなところもあって。それは仕方ないのかな、という感じです。

羽生　僕も、16歳の時に東日本大震災があって、やっぱりあれからすごくいろいろなものを背負い始めたなと感じていて。

今も、東日本大震災の支援や復興に関する依頼はなるべく受けるようにしているのですが、当時はすごく重たく思っていました。ジュニアでタイトルをすべて獲ってシニアに上がり、世界の舞台で戦うようになった頃の出来事でした。大震災という天災が起きて、僕は被災地代表みたいになったんです。日本代表ではなく。一生懸命日本代表になって、やっとつかんだシニアで戦う権利みたいなものが、急に、被災地で頑張っている人間だから選ばれているんだ、というように思われるのは、すごく悔しかった。ここまで一生懸命頑張ってきたのは、別に震災のためでも被災地のためでもなく、ただ強くなりたいだけだったのに、という気持ちが強くあって。でもそこから1年をかけて心境がかなり変化していきました。年末の全日本選手権の後、ファンの方々のお手紙を読む時間があって、自分はこんなにも応援されているんだということに気づいたんです。ただ日本代表として世界に実力を見せつけたいと思っていたのが、被災地代表だろうが日本代表だろうが、応援してもらっていることに感謝し、その力を受け取りながら頑張ることが一番なんだなってその時思いました。

翌年3月の世界選手権では、怪我をしていたのですが、皆さんの応援が最後まで後押ししてくれたような感覚があったんです。応援をちゃんと受け止めて、それが結果に結びついた時に、初めて皆さんへの恩返しになるということにも気づきました。

今は逆に、元気を与えられる立場なんだ、自分だから言えることっていろいろあるんだ、と自覚しています。そこはもしかしたら同じような気持ちなんじゃないかと。

池江　そうですね。

羽生　池江さんは、病気になった時は、オリンピックも近づいていて焦る気持ちも絶対にあったと思いますし、ちょうど結果が出ている時だったから、余計つらかったと思うんです。僕も、報道で知った時はなんて大変なんだろうってすごく思いました。今は、病気を克服して頑張っている池江さんの姿が、病気を抱えている人、そして病気から立ち直って頑張ろうとしている人へのエールにもなっていると思います。それを背負うことは、水泳と関係ないところでのプレッシャーですし、いろいろ感じるかと思うんですけど、絶対にそれは池江さんにしかできないことですし、僕も僕にしかできないことなんです。プレッシャーってすごく重たいですよね。

池江　はい、でも私からしたら、羽生選手はすごく自信に満ちてリンクに入っているように見えます。

羽生　水泳選手の場合、「第何レーン、何々」と言われて入っていく時にやっぱり歓声があがりますけど、そこで手を挙げて応えたりするじゃないですか。ほんとにすごいなと思って。僕だったら、ギリギリまでイヤホンを付けていて、何もできないなとか思いながら見てるんです。

池江　私は逆に、自分の名前が呼ばれた時の歓声で、「みんなが自分のことを応援してくれるんだ。みんなが自分のことを見てくれる。よし、頑張ろう」っていう気持ちになるタイプなんですよ。

羽生　じゃあ、見られているのは結構好きなんですね。

池江　見られているのが好きっていうか、速く泳ぐ自分が好きという感覚ですね。以前、2017年だったと思うのですが、海外での試合で、世界記録を持っている選手と一緒に泳ぐことがありました。その選手のコーチは旦那さんで、彼女への応援の仕方が独特だったんです。声だけでなくものをすごく叩いたりして。レースは私とその選手が競る展開になったのですが、私はその応援を、「よし、自分を応援してくれているんだ」と思い込んで泳いだんです。それがすごく楽しくて。そういうのが結構結果につながっているのかなと思いますね。

羽生　やっぱり応援の力ってすごく大きいですよね。（今回の東京）オリンピックでは、観客数に制限がかかった状態で、声援もないかもしれないですけど、応援を力に変えられているというのは大きいと思います。

僕の場合、昔はすごく重たくてつらいと思っていたんですが、重たいということは、これはエネルギーだなと思って、この重さを、地に足つけるエネルギーにしたり、緊張しているからこそいいパフォーマンスができるというふうに変換して考えられるようになりました。こういう時代だからこそ、水泳に興味がある方だけじゃなくて、きっと普段よりもすっごくいっぱい、いろいろな方が応援してくださっていると思うので、無責任な言い方かもしれないですけど、実際そこに力はあるから、それを力だと思って頑張ってほしいです。

池江　ありがとうございます。平昌五輪の時のことでうかがいたいことがあるんですが、確か、怪我をされた直後の試合でしたよね？　怪我している選手が、それこそいろいろなプレッシャーがある中であそこまでいい結果を出すというのは、メンタルが相当強い方なんだなと思っていました。私はこう見えて意外とメンタルが弱かったりするので。羽生選手でも、自信が持てないまま試合に出ちゃう時ってあるんですか。

羽生　自信がないのは、練習がしっかりできなかったりとか、思い描いていたものができず、ここまでやっておきたかったな、という気持ちがある時です。でも、試合に入ったら、基本自信で溢れていますね。平昌では確かに怪我をしていて、すごく強い痛み止めを飲んで、自分の感覚を消してまでやらなきゃいけないような状態でした。だから、練習もしっかりできていたとは言えないし、実際試合に行くメンタルではなかったと思います。でも、自分の中には、ソチ五輪で金メダルを獲ったという成功体験がある。同時に、ソチではあまりいい演技ではなかったという面もある。オリンピックの成功体験も悪かったところも知っている。だからあまり怖くなかったです。

その時に、駄目だった理由を分析し、「こうやればよかったんだな」と対処法をちゃんと学んでいたから。さらにソチ五輪から平昌五輪までの4年の間にも、同じような現象が何回も起きて、「だったらこうしていけばいい」「こうしていれば絶対勝てる」ということを続けていたので、いい練習ができなくても、たとえ自分が怪我していたとしても、絶対オリンピックだけは勝てるという自信が、あの時ありました。

池江　その気持ちは大事かもしれませんね。自信を持っていかないと、独特の雰囲気に圧倒されちゃったりするので。

羽生　あと、言霊ってよく言うじゃないですか。ポジティブなことを言っていたら表情がよくなるし、表情がよくなったら心も軽くなる。言った言葉がそのまま自分に返ってくるじゃないけど。もう、そういうところに頼るしかないんですよ。オリンピックって緊張しすぎちゃうので。僕も全然メンタル強くないから。

池江　そうなんですか？

羽生　ほんとに。身近な方々も含めてみんなから「メンタル強い」って言われるし、「ほんとに大舞台でいい演技できるよね」って言われるんですけど、昔から一回も自分のことをメンタル強いと思ったことはないです。すっごく緊張するし、試合の前に震える時もある。でも、弱いなりにこうしたらいいっていうのが分かるというか、弱いからこそそういう考え方を学んできたので。自分が信じられるもの、僕だったら、自分が言った言葉は自分の心を左右するということをすごく気にしていたので、平昌の時も現地に入った瞬間に「金メダルしかないです」「優勝するためだけに来ました」と言っていました。もう優勝した気になってる、みたいな。そうしたら、後から結果はついてくると、信じていましたね。

池江　怪我に対する不安はどうだったんですか。

羽生　現地に行った瞬間に不安はなかったですね。現地に行く前に心は決まっていました。その頃、4回転ジャンプが4種類あったんですけど、僕はまだ2種類しかしっかり跳べてなくて、3種類目を試合に入れるかどうかを迷っていました。でも、練習でその3種類目が一発も跳べなくて。ループっていうジャンプで、ちょうど捻挫した右足で踏み切って右足で降りなきゃいけないという、自分にとって怪我したところを思いっきり痛めつけるみたいなジャンプなので、すごく怖かったんですね。実際に筋肉もすごく落ちていたから、できなかったんですけど。でも、平昌五輪に行く前の練習で、「お前、これ降りたら絶対優勝できる」って自分に言い聞かせたんです。これ降りなかったら優勝できない、優勝できないんだったらオリンピックに行く価値がないって思って。「行く権利もないぞ、お前」って言いながら練習していました。それで、最後の練習の最後の5分ぐらいでループを決めたんですよ。その時点で、優勝したと思って行ったので、全然不安感とかはなかったですね。結局オリンピックにループを入れることはなかったんですけど。

――池江さんは、オリンピック2度目の出場。羽生さんは次の北京で3度目になりますが、やはり先ほど羽生さんもおっしゃったように、複数回出ることで成し遂げられることというのもあり、そこに意義も感じられますか。

池江 そうですね。今年は、2016年とは全く違った気持ちでオリンピックに行く年になると思います。でも、私はまだ20歳で、あと何回オリンピックに出られるか分からないですけど、この東京五輪は、3年後のパリに向けての準備段階だと思って挑もうと考えています。もちろん今回の試合も大事ですし、結果を出したいと強く思っていますが、今回は個人種目に出られないので、リレーでチームに貢献し、結果を出して、その先にパリが待っているというような考えでいます。今回はオリンピックに対しては深く考えすぎずに挑めるかなとは思っています。

羽生 それって本音なんですか？

池江 メチャメチャ本音です。そもそも私、代表選考会だった4月の日本選手権で優勝するまでは、オリンピックに行く気はほとんどなかったですし。決まったら決まったで、もちろん頑張ろうとは思っていましたが、自分の目標は2024年のパリだから、別に今回代表に入らなくてもいいやという気持ちであの選考会に臨んでいたんです。あまり変なプレッシャーもなかったからこそ、すごくいい結果がついてきたのかなという印象もあります。

――これまでのオリンピックで一番思い出されることは何ですか？

池江　オリンピックでは、メダルを獲らなきゃ意味がないと思いました。私はメダルを獲っていませんが、リオから東京に帰国する時、飛行機までは一緒なんですけど、空港に降りた瞬間、「はい、メダリストはこっち」と言われて動線が分かれるんです。

羽生　ああ、そんな感じになりますね。

池江　オリンピック行って、決勝行って日本記録をいっぱい出したけど、日本記録を出すだけ、決勝に出るだけじゃ駄目なんだと、16歳のその時に初めて学びました。選手によっては「オリンピックに行くことに意味がある」と言ったり、「決勝に行くことに意味がある」と言う人もたくさんいると思うんですけど、私の中では、メダルを獲らなきゃ意味がない、というか面白くないなと、競技者として痛感しました。

羽生　なんかいいですよね。そういうの好きですよ(笑)。僕も本当に、さっき言ったように、平昌五輪に行く前、「金メダルを獲らなかったら、お前は行く権利ない」と思っていたので。でも、その時は考えなかったんですけど、思い返してみると、今まで自分が競技を続けていくにあたってどれだけの人に支えられてきたかと考えると、やっぱりちゃんと結果を残さないと申し訳ないなと思うんですよね。だって、自分が競技のために投資するサプリだって、スケートリンクの費用、コーチ費、遠征費、その他もろもろ考えていくと、ものすごい時間とお金と労力がかかっているわけです。応援してくれる人にはもちろんですけど、直接支えてくれている人にメチャクチャ申し訳ないなって思うんですよね。だから、出るんだったら結果は欲しいと思うし、メダルが欲しい、金メダルが欲しいと思うのは当然であって。そう思えるのは、自分に期待がかけられていることと、自分の理想がしっかり見えているということだから、すごくいいことだと思います。それを思っちゃいけないと言う人もいるんですけどね。

――お二人とも「勝ちたい」という気持ちを前面に出すアスリートですね。

羽生　だって、勝ちたいからメチャクチャ頑張って練習してるんじゃないですか。

池江　私もです。勝つために試合に行っているし。何十時間何百時間かけて一つの試合のために頑張ってきたという思いは、競技者としてすごく必要だと思っています。

――羽生さんの場合、「納得できる演技ができればいい」という発言も見られます。

羽生　それは単なる自分への言い聞かせです(笑)。自分の中で、勝つことに関しては達成したんですよね。獲りたかったタイトルはすべて獲って、自分が目標としているものがイコール「勝つ」じゃなくなっちゃったんです。例えば勝つだけだったら、4回転半という今自分が挑戦しているジャンプは要らないと思います。だったら4回転の種類をしっかり増やして、いい演技をコンスタントにできるほうが絶対勝てるんです。でも、それじゃあ僕は競技者としてもつまらなくなってしまったというか、そこにモチベーションを感じなくなってしまったというのが正直なところです。

池江さんだったらたぶん、タイムをひたすら伸ばしたいみたいなところだと思います。

池江　そうですね。もちろんタイムを出してもメダルがついてこない場合もありますし、そこはすごく難しいところではあるんですけど。私は、日本国内では記録もたくさん持っているし、日本選手権も何度も勝っていますが、世界大会やオリンピックではメダルを獲っていません。みんな私のことを「すごい選手だ」と思いがちですが、世界ではまだメダル争いができるような選手ではありません。羽生選手のように、世界で勝つことが当たり前になったらそれはまたかっこいいなと、メダルを獲ってない立場からすると思いました。

羽生　確かにそういう立場だったら、タイムとか自分のフォームよりも、ただ勝てればいいと思うべきだと思います。僕も今、自分自身に言い聞かせるように「アクセルが一番の目標」と言っていますけど、結局は勝たなきゃ意味がないと心の底で常に思っているので。それはそのままでいいんじゃないですかね。特にオリンピックは。

池江　そうですよね。勝つことに意味がある試合だと思って。

羽生　もう「勝ちたい」でいいと思います。で、勝つためにはじゃあ何をしたらいいんだろうということを突き詰めて、そこに集中しちゃえば、あとは緊張とかもそんなに感じなくなってくるんじゃないかなと思います。僕はね（笑）。

――最近一番悔しかったことをお二人に聞きたいんですが。

羽生　僕が悔しいのは、完全に自分の限界を超えられないことですね。アクセルの4回転半というものがあまりにも大変すぎて。すごく逃げるんですよ。「自分は年だな」とか「そもそも人間にできることじゃないんじゃないか」とか。逃げを探している自分が一番悔しいです。

池江　私も、似てるかもしれませんが、練習でうまくいかなかった時にあります。気持ちの上では、自分はどこまでも行けるって思っているんですけど、追い込んでも結局体がついてこなくて、苦しくて、他の選手みたいに泳げなかったりすることが一番悔しいなと思います。

羽生　他の選手ができることができないってすごく悔しいですよね。

池江　そうなんですよね。逆にそれが今までできてたから、自分をむなしく感じてくる。「そうじゃないんだよ」って自分に言い聞かせてはいるんですけど。正直言うと過去の自分はすごかったので、今の自分と比べると、本当に毎日のように悔しいと思いながら練習しています。

6月のジャパンオープンで負けた時には、もう二度と負けたくないって思ったし。だから、練習中に本当にしんどくなった時には、「この間負けた時の悔しさを思い出せ」って思って、最後の最後まで頑張ろうとしたりしていますね。

羽生　自分ももちろん、できていたものができなくなるという感覚はすごくあります。4回転半の練習をし続けていた結果、他のジャンプができなくなったり、その結果として怪我したりとか、そういうのが結構あるんです。そんな苦戦した記憶ないのにできなくなって「なんでこんな簡単なことができないんだろう」と思う。周りを見ると、みんな着実にうまくなっていて、自分はただ後退しているだけ、どれだけうまくなろうとしてもうまくなれない、というようなことが昨年はあって、結構苦しんだんです。

僕の場合は、やっぱりスケートでしか感情を出せないなって思ったんですよね。もちろんいろいろなお仕事の中で、例えば震災やコロナのことに関してコメントを求められた時、言葉を必死に考えて出したりしますけど、結局一番自分を出せるのはスケートで。それを見てくださった方が何を思うかとか関係なく、自分でウワーッと「こんな気持ちだー!」ってやるのが一番好きなんですよね。誰も見てない中でそれをやった時に、「自分、スケート好きだな」と思って。だから続けようと思えたというか。そういうことありません？　水泳じゃないとこれだけ体力使えないな、とか。

池江　本当にそう思いますね。

羽生　こんな達成感、絶対スケートとか水泳じゃないとないな、みたいなのってあるじゃないですか。たとえゲームが好きで、すごく難しいことを達成したとしても、結局その一瞬だけで終わるんですよ。でも、スケートの場合は、何かを達成した時に、「よっしゃ、じゃあ次これやろう」と続いていくんですよね。達成感が他とは全然違う。それのために生きているみたいなところもあって。

池江　その気持ちはメチャメチャ分かります。私は、4月の日本選手権で優勝した時に、自分はもちろん、病気を患って苦しい思いをしている人とか、病気を克服して頑張っている最中の人たちに、ものすごく力になっているんだろうなと思いました。だけど、結局私がなぜ水泳を続けているかというと、ただ水泳が好きで、競技で勝って、嬉しいという気持ちを味わいたいからだって気づいたんです。

今の課題と、そのために努力していること。

――自分の限界を超えて、誰も見たことのない景色を見たいという思いはありますか。

羽生　僕はやっぱり「初めて4回転半を降りた人間になりたい」という思いは常に持っていますね。

池江　私の種目の場合、日本と海外の差がものすごくあるんです。例えば100mバタフライの世界記録が55秒4で、私が病気前に出した日本記録が56秒0なんですね。あと0・6の差って水泳の中ではものすごく大きい。ただ、海外の選手が達成できているということは、自分もできないことはない。できると思っていますし、それ以上も行けるんじゃないかって。自分の限界を決めてはいけないと、海外の選手やタイムから教えられている感覚があります。そう考えると、すごく楽しい。

羽生 フィギュアはあんまり体格関係ないんですけど、水泳は体格が関係ありますよね。

池江 メチャメチャありますね。

羽生 池江さんも恵まれたほうだと思いますけど。身長何㎝あるんですか？

池江 私は、171・9とか、2弱。

羽生 じゃあ同じくらいなんだ。

池江 ほんとですか。でも、海外の選手は10㎝以上高いので。プラス、筋肉も、体格もメチャメチャよくて。こんな人たちに勝てるの？と思うけど、そこで自分の限界を見せたくないというか、体格は関係ないことを証明したいという気持ちもすごくあります。それが水泳の面白いところでもあるなと思います。

羽生 で、そうやって頑張っていると、絶望の壁にぶち当たるんですよね。

池江 まあ、実際はそうなんですけどね（笑）。

羽生 でも、それを超えていくのがまた楽しいんですよね。

池江 ちょっとずつでいいので、それを超えられたらという気持ちはあります。

――池江さんは0・00秒の世界で争っていて、羽生さんも今あと8分の1回転という緻密なところで戦っているわけですよね。

羽生　そうですね。4回転半まであと8分の1というすごく細かいことをやっています。いわゆる0・00秒っていう世界は僕も一緒だと思います。空中の滞空時間をコンマ0何秒延ばせばあとどれくらい回るかとか。あとは、回転の速度もコンマ何秒上げればみたいなところもたぶんあるので、同じようなことはしていると思います。

――今、そのために何かやっていらっしゃることはあるんですか？

羽生　僕、去年の全日本選手権の前まで、アクセルの練習と一緒にすごく筋トレをやったんです。というのも、自分はかなり細くて、どっちかというと筋肉がなくて体幹も弱く、ジャンプが安定しないタイプだと常に思っていたんです。だけど、言ってみれば、それがあるからこそ自分のジャンプが生まれると思っていて、それが自分なんだと言い聞かせていました。でも、4回転半の練習をやっているうちに、これは今までと同じ方法じゃ跳べないと思って。じゃあ今までやってこなかったものは何だろうと考えた時に、筋トレだったんです。

池江　重くて？

で、やった結果、跳べなくなりました。

羽生　重くてというのももちろんあると思うんですけど、たぶんバランスが崩れて。やっぱり怪我が多くなった。あとは、結局使いこなせないんだなと思いました。スケートには邪魔というか必要じゃない筋肉ばっかりついたなという感じがあって。僕、ランニングとかすると普通に筋肉痛になるんですよ。だから、たぶん走る筋肉は全く持ってないし。水泳なんて、昔、息継ぎが全くできなかったので。

池江　そのたびに立って止まるみたいな。

羽生　そうそう。平泳ぎで25m泳ぐのに何十分かかるの?というレベルです。たぶんそういう筋肉を何も持ってないんですよね。だから、陸上でたとえ鍛えたとしても、氷上で使えないなと思ったんです。

今はむしろ原点に立ち返って、アクセルジャンプに必要な基礎って何だろうというのを氷上でひたすらやっています。やっぱりうまくなってくると、基礎に立ち返らなくなるから。今のこの難しいレベル、難しい技術の状態から、さらにうまくなるためには、より高度なすごく細かいところを積み重ねようとするんですよね。水泳で言ったらビート板をもってバタ足だけするみたいな感じかもしれないですけど、自分が今まで習ってきた先生の言っていたことや、本当にちっちゃい頃に仙台で習ってきたことを一つ一つ思い返して、「この練習、こんな意味あったんだな」とかっていうのを考えながら、じゃあ今の自分はこの練習をやったほうがいいなとか、逆にこの基礎はしっかりできてるから要らないかなと判断して。あの頃みたいに何時間も練習したら壊れるから、うまく効率よく、必要な基礎練をしっかり選んでやっています。

池江　私は今、スタートが出遅れるところが課題なんです。スタートから15m付近のタイムが国内のトップの選手と比べても0・4秒遅れているというのがあって。0・4秒って、さっきも世界記録と比較しましたが、体半分ぐらい離されるんです。病気前は頭1個分2個分、そんなに頑張らなくても平気で出ていたぐらいだったのに。でも、スタートで体半分離れていても、タッチした時に自分が勝ってることがあるので、それによって、自分は誰よりも泳ぎが速いんだっていうことが分かる。でも、体重もまだ戻ってないので、体重を重くするためにも今までなくなった筋力を取り戻すという意味でも、筋力トレーニングをすごく多く入れています。上からダイブして0・4秒離れるということは、体重によると思うんです。もし下からみんなでスタートしたら、自分はダントツで勝てるんだって思うと、やっぱり体重を増やさなきゃいけない。それと、水中動作、ドルフィンキックをもう少し極めなきゃいけないと考えています。トップの選手の横で練習する時は、水中でどれくらいしなやかな動きでどれくらいのテンポでドルフィンキックしているのかしっかり見て勉強しています。私は一番下から、どん底から這い上がっていく段階の人間なので、いろんな人を見て勉強しながら、これからもっと速くなっていくという感覚で、課題を持ってやっています。

羽生　話を聞いていて、オリンピックで何をしたいのかっていうのがすごく分かりました。勝ちたいんだなって。

池江　そうですね。

羽生　それが一番だなって僕は思うし。あとは、できたことができなくなるとか、昔は勝てた相手に勝てなくなるみたいなことって、すごくつらいことだろうと思うけど、それに対してもしっかり自分の中で割り切ってやってますもんね。

池江　はい。

羽生　心の底のどこかでは、引っかかっている部分はあるとは思うんです。僕からしたら、それを出せる空間とか場所とか時間がちょっとでもあればいいかなと思います。僕は泣きたい時、ひたすら泣くんで。

池江　羽生さんも泣くんですか？　私も溜まった時には、メッチャ泣きます。

羽生　僕は一人で泣きますね。この間も、お風呂場でガン泣きしていました。

池江　それをみんなの前では出さないからそうするっていうことですよね。

羽生　出せないんですよ、結局。だって、みんなには分かってもらえるものではないと思うし。僕が持ってる気持ちや、自分が今までやってきたことって、誰の人生と比較しても同じものは絶対ないじゃないですか。それは池江さんも一緒だと思うんですけど。もちろん価値観が似ている人や、何となく理解し合える仲間はいるかもしれないですけど、自分の気持ちは自分でしか発散できないし、自分にしか分からないことは一人でワーッて泣きます。

――さて、羽生さんは東京五輪が終わると、次の冬季オリンピックシーズンがやってきますね。

羽生　きちゃいますね。早いですね。これからもやることをしっかりやっていきます。自分がやりたいこととかやるべきことが今、正確に見えてるし。それがもちろん近道じゃなかったとしても、その道をたどって行く最中に本当の道が見えてくるかもしれないし、実際これが本当の道なのかもしれない。それは誰にも分からないことなので。ただひたすら、今やるべきことをやっていきます。

もし僕がこの夏のオリンピックに出る選手だったとしてもそれは同じですね。世の中の状況に関係なく、自分のやるべきことを淡々と……、淡々とはいかないかもしれないですけど。たまには無茶しなきゃいけない時もあるんですけど。自分が目標として掲げている、金メダルだったり、メダルだったり、世界記録だったり、そういったものを目指して練習するしかない。世の中は刻一刻と変わっていって、それによって自分の人生や自分の考えがすごく左右されるとは思うんです。自分自身もこの先も試合がなくなったり、練習ができなくなることがあるかもしれないけど、頑張ること、目指しているものは基本的には変わりないので。そのために何ができるかを毎日考えながら頑張るのが、一番やるべきことじゃないかなと思います。

池江 私、聞きたいことがあったんです。たぶん羽生選手は、他のアスリートとは違うレベルで世の中に名が知られていると思うんですけど、外とか歩いてるのかなっていうシンプルな疑問で。外で買い物とかできますか。

羽生 池江さんもそれこそ外歩けないんじゃないですか？

池江 私はメチャメチャ歩きますね。

羽生 ほんとですか。よく周りの人に「帽子かぶってもマスクしててもバレるから」って言われるんです。

池江 確かに。

羽生 でも、それは池江さんも一緒だろうなと思ってたんですけど。

池江 どうなんですかね。私は確かに肩幅も広いし身長もあるので、他の女の子とはちょっと違う。「あれっ」て思われる。マスクと帽子姿でも。

羽生　みんなたぶん分かってると思いますよ。

池江　分かるんですかね（笑）。

羽生　僕は外に出る習慣が基本的にないので。買い物もあまり好きじゃないですし、家でゲームしてるのが一番好きです。

池江　そうなんですね。私はアウトドア派だから外に出られないのはきついです。

　私、先日すごく学ぶことがあったんです。自分のＳＮＳに届いたメッセージについて意見をした時のことなんですが。その発信をした理由にはいろいろあって。オリンピックに対しての意見がものすごくて。もちろん今は仕方ないんですけど。あの時、身近な人に相談をしたら、応援してくれている人のほうが全然多いんだよって言ってもらって、すごく気が楽になったんです。余計なことをしちゃったなって逆に反省しました。応援してくれている人たちのために頑張ればいいのに、なんであんなに悩んで発信したんだろうって。オリンピックに対してあまりいい意見を持ってない人たちもいる中で、自分はどうしていくべきかと考えるよりかは、自分は自分のままでいるべきっていうことに気づいた機会でもありました。

羽生　僕らは、たくさんの方から応援してもらえて、それによって多くの力をもらえている。自分が何かした時に、嬉しいと思っていただける。それがあるだけで、自分たちはたぶん存在している意味があると思います。お互い頑張っていきましょう。

池江　はい！

羽生結弦（はにゅう・ゆづる）
1994年12月7日、宮城県生まれ。ソチ五輪、平昌五輪で金メダル。13〜16年グランプリファイナルで4連覇。14、17年世界選手権優勝。20年4月の四大陸選手権を制し男子初のスーパースラム達成。21年の全日本選手権で6度目の優勝を果たす。22年7月にプロスケーターに転向し、アイスショーを開催している。18年国民栄誉賞受賞。172cm。

東京五輪でなぜ頑張れなかったのか？

2021年
8月

東京五輪が終わってから、２週間オフをもらいました。ずっと合宿続きだったので、さすがに気持ち的にもちょっと休みたいなと思って。オリンピックの直後はめちゃめちゃ疲れてましたね。大会前は肌荒れもすごかったです。でも終わったらその肌荒れがなくなりました。だからやっぱりストレスだったのかな。

オフといっても、緊急事態宣言中なので、家族でちょっと出かけただけで、あとは家でゆっくりしていました。でも一回だけ泳ぎに行っちゃいましたけど。オフ明けにすぐ試合があるから不安で。

オリンピックを振り返ることはありませんでした。レース直後に自分の反省点とか、足りないところとかはすぐに考えるタイプなので。こうすれば良かったとかをあまり長い間考えることはないですね。終わった後は、オリンピックのことは一旦おしまい。あとは次に向けてしっかり休む！と切り替えました。

オフ明けすぐの日本大学・中央大学対抗水泳競技大会では、２００m自由形を2分01秒93で泳ぎました。まあまあ、という感じです。オフ明けに泳ぎ始めた時は身体もスカスカで、すぐに２００m自由形なんて、と不安ではあったんですけど、泳いでみたら意外と速かったです。これでちゃんと練習したら、2分は切れるかなと思います。来季は1分58秒くらいを目標にしたいです。


今改めてオリンピックのことを思い返すと、大会中は毎回のレースのことを、直後に振り返っていました。自分は海外の選手からレースのどのタイミングで遅れをとったのかとか、今の自分に何が足りないのかとかです。まあほとんど足りてないと思うところしかなかったんですけど、次の自分のターゲットが見えました。あとは自分が出なかった個人種目のレースを見て、3年後どういう位置でパリ五輪に向かっていって、どのくらいのタイムを出していきたいかを考えていました。

東京五輪には、リレー種目のみの出場でした。今までそういう経験がなかったので、あまりよく分からないまま始まって、終わっていたという感じでしたね。正直、オリンピックに向かう気持ちは日本選手権の時のように強くなかったかもしれない。もちろんリレーで結果を出さなきゃという気持ちはすごくあったし、みんなの思いとかタイムを背負って出なきゃいけないっていうプレッシャーはあったんですけど、すごく中途半端な感じで終わったなと思います。後悔しているわけではないけれど、もうちょっとできたことがあったんじゃないかなと思うんです。

２０１６年のリオ五輪の時は、リレーメンバーの先輩方と10歳くらい年齢差があって、みんな国際大会の経験も豊富で、五輪初出場の自分を妹のように可愛がってくれていて、すごく頼れました。今回は初めてリレーを組むメンバーだったので、もう少し一緒に練習する時間がほしかったです。

最初のレースは４００ｍ自由形リレーで、第2泳者でした。（五十嵐）千尋さんと私では前半の15ｍで０・４秒も差があって、やっぱり最初は勢いがあった方がいいということでその順番になりました。引き継ぎの練習はめちゃめちゃしてましたね。練習では引き継ぎのタイムを０・０いくつとか、０・１秒以内に抑えられていたんですけど、やっぱり本番は緊張して０・３かかっちゃいました。

私自身の泳ぎは、4月の選考会が終わった時点で、あと０・５秒は縮めたいと思っていたんですけど、正直それが出るような練習が積めていませんでした。気持ちが入れられなかったっていうのが一番の理由です。やっぱり一人で練習していたからだと思います。2015年から日本代表になって、直前の合宿はいつも海外に行ったり、国内でもみんなで練習するのが基本でした。でも、病気から復帰して代表になってからは、みんなと一緒に練習することがなかった。誰とも競えず、まだ一人でやるようなメンタルでも泳力でもなくて、気持ちが入りませんでした。そこはもっとできたなという思いしかありません。

結果、本番では400m自由形リレー予選のラップで53秒6、混合400メドレーリレー予選のラップが53秒7でした。目標は、53秒3くらいでした。千尋さんのメドレーリレーの自由形のラップタイムが53秒6で、選考会で戦った時は勝っていたのに、今回は私の方が遅かったのが悔しかったです。

決勝に残った女子400mメドレーリレーにはバタフライで出場しましたが、波をめちゃめちゃ喰らっていて、自分の泳ぎどうこうじゃなくてとりあえず泳ぎ切らなきゃ、という状態でした。自分の泳ぎができていたかと言われたらそうでもないですね。前半抑えて後半行こうと思ったのにそれもできなかったです。すごく周りにペースを乱されました。

でも自由形よりはバタフライの方が伸びしろを感じられて、楽しみな種目になりました。だから自分が出ていないバタフライの個人種目の準決勝、決勝もちゃんと見ました。選手の泳ぎの特徴や、前半の入り、どこから上がってくるのかというレース展開も色々考えながら。自由形のレースも見てはいたけど、そういう見方はしていませんでした。やっぱり、バタフライの方が回復に時間はかかっているけど、もっと速くなりたい、戻りたいっていう気持ちが強いのかなと思います。

バタフライは、感覚は前と一緒なんです。でもタイムが遅い。筋力やパワーが足りてないっていうことです。

持久力に関しては、100mの自由形だと最後の15mくらいでズンとキツくなるんですけど、それは前も今も変わらないんです。でもそのキツくなった時にどこまで粘れるかというのがまだ弱いですね。キツくなった時の伸びがまだ足りません。

「キツくなった時の伸び」は、理解しにくいかもしれませんが、そこが自分だけの特徴だと思っています。200m自由形なんて楽しくて仕方なかったんです。ラスト50mのキツいところが結構楽しかったです。いつだったか、200のレースの最後の50mで、プールサイドで自分を映している移動カメラが見えて、変な顔をしちゃダメだと思って、意識したことがあるくらいです。撮られているから速く泳ごう、とか。そんなことも楽しいなって思います。

最終的に、競泳日本チームは、2つの金メダルと、1つの銀メダルに終わりました。なんでこういう結果になったのかは、個人の問題なので全然分かりませんが、コロナ禍ということで、全員で一緒に体操をするスペースもなく、レースがない選手は控え場所には全く来ずに、そのままスタンドに行っていたりして、毎日プールにいるのに顔を合わさないチームメイトもいました。いつもならみんなでレースに送り出すのに、そういうのもなくて、控え場所も寂しい感じでした。観客もいなかったですし、雰囲気の寂しさは今までにないくらいでした。

初日から2日目までにいくつかの予期せぬ結果があり、チーム内にも動揺がありました。みんなで「なんで、なんで？　あんなに調子よかったのに」って。結果が悪かった選手に声をかけづらい雰囲気で、流れがないな、と感じました。その悪循環のまま、ズルズルと最終日までいってしまいました。これがオリンピックの難しさだなと思いました。

それで、最後のメドレーリレーは決勝に進めるかギリギリのラインだったんですけど、何も失うものはないから全力でいって残れたらいいねとメンバーで話していました。

無事決勝に進み、結果は8位。すべてのレースを終えて、涙が止まりませんでした。リオからの5年間にあったことが思い出され、一度は諦めた東京五輪にリレーメンバーとして戻ってこられたことを幸せに感じました。

でも、あんまり考えちゃダメだと思いつつ、あの時病気になってなかったらなぁっていいうのは考えちゃいました。もし自分が病気になってなかったら、今頃何秒は出てるな、とか。あのままのタイムで私が泳いでいればもっと日本チームのリレーのタイムもよかっただろうし。リレーメンバーにも「私がもっと速ければ」って言ってしまいました。勝手に背負っていた部分はありました。それに、多分間違いなく個人種目で決勝に残って、メダル争いもしていたと思います。そうしたらみんなのプレッシャーも変えられていたかもしれないし、みんなの結果も違っていたかもしれないな、と。でもそれは「たられば」なので、考えてもしようがないです。

復帰から1年半。東京五輪に出られるとは思っていなかったので、日本選手権で代表に決まった時は、まさかという思いでした。でもいざオリンピックで泳いでタイムが上がらなかった時に、この数カ月間自分は何をしてたんだろう、オリンピックは出るだけじゃ意味がないって分かっているのに、そこまでなぜ頑張れなかったのかと、すごく自分を責めたりもしましたね。

でも今は全部切り替えています。後悔しているんだったら今からの練習をちゃんとやろうと思っています。２０１７年にも同じ経験をしたことがあるんです。気持ちが入らない時期があって、世界選手権で結果が出なかった。それが悔しくてそのあと頑張ったら、世界ジュニアで日本記録が出せたんです。今の状況ととても似ているので、来年はすごく良い結果が出せると思って今は練習しています。

パリ五輪まであと3年。今から自分がどういう風に水泳と向き合って、何を目標にしてやっていくかを考えた時に、3年間でやりたいことがいっぱいあります。3年後は、多分あっという間に来ちゃうから。

まだコロナのことがあるし、非現実的な話ではあるんですが、海外のいろんなところに行って、いろんな練習がしたいなって思います。2018年の初めにオーストラリアに行った時に、今大会最多のメダル（金4個、銅3個）を獲ったエマ・マキーオンと一緒に練習をしていて、練習では私が勝っていたんです。それが自信になって、その後のパンパシフィック選手権では、100mバタフライで彼女に勝って優勝できた。やっぱり練習で自信をつけないと、試合でも自信を持って臨めません。

来年の世界選手権では、50mバタフライでメダルを獲るのが目標です。メダルを獲る＝日本記録は更新できると思います。過去の自分を超えることになります。50に関しては多分そこまでもういけると思います。今、初めて言ったんですけど。

50mで日本人がメダルを獲ることは珍しいので、獲れたらかっこいいですよね。でももし2019年の世界水泳に出られていたら、確実に50mバタフライではメダルが獲れていたと思います。世界選手権は3度目の正直になるので、そこで結果を出したいです。

１００のバタフライはまだちょっと時間がかかると思っているんですけど、1年半後には56秒台まで戻したいです。

過去の自分もめちゃめちゃ速かったなって自分でも思うんですけど、3歳から18歳まで積み上げてきた15年間くらいのものを、一度なくしてこの1年半でもうすぐのところまで戻してこられた。それが自分の中で自信になっていて。逆にこれだけ短期間でここまで回復できたから、18歳の自分に、もっと速く泳げたんじゃない？って。

今は足りないものがよく見えていますし、伸びしろしかないと思えます。体重があと5kgくらい戻ってくれたら、いけるはずです。まあ女子としては大きくはなりたくないんですけど（笑）、水泳のためにはそれしか方法がありません。

人との距離

2021年
10月

インカレ初日の50m自由形は、ギリギリでしたけど、優勝できてよかったです。ずっと同じスイミングクラブで一緒に練習している、大学も一緒のチームメイトたちと1、2、3フィニッシュで表彰台を独占できて、チームに勢いをつけられたことがとても嬉しかった。

100mのバタフライではタッチの差で負けてしまいましたけど、悪いレースではありませんでした。というのも、闘病から復帰後、あまり積極的なレースができていなくて、やはりこれから戦っていく上で、前半からしっかり入って後半までもたせるというレースプランをやっていかないと、という思いがずっと頭の中にありました。それで恐れず前半から入ったんですけど、案の定後半伸びてこなくて。それでも収穫のあるレースだったので、そこまでショックはありませんでした。ああ、負けちゃったか、くらいの感じで。

でも最終日の800m自由形リレーのアンカーで、リレーの引き継ぎタイムといえど、1分58秒で泳げたのは収穫でした。

その1週間後の日本短水路選手権では、1日に6レース、2日間で10レースのタイトなスケジュールに挑みました。病気になる前もこんなにたくさんのレースに出ることはあまりなかった。レース強化が目的で、気持ちを切らさずに全部の種目を泳ぎ切ることが目標でした。初日の予選はレース間が10分くらいしかない中で、ギリギリでも3種目全部決勝に残れたのは意味あることだったと思います。

ただ、初めの100m個人メドレー決勝は4番でかなり悔しかったです。その後の50mバタフライでは優勝したいと思っていたけどメダルさえ獲れなくて。この日6レース目の最後の50m自由形は一番メダルから遠いと思っていて、とにかく泳ぎ切ればいいやっていう気持ちで泳いだのに、3位でメダルを獲れて。気合いが入っていた種目よりも、いいやって思っていた種目の方が結果が良かったので、難しいなと思いました。

短水路のプールは自分が苦手なターンとか、スタートとか、ドルフィンキックが速い選手が有利で、今の自分はまだ脚力も体重も戻っていなくてみんなから遅れる。自分の得意な泳ぎを生かせなくて、勝負するのはなかなか難しかったです。でも結果や順位よりも、短時間でたくさんのレースをやり遂げた自分に対して、褒めてあげることしか今回はできないかなと思って。もちろん順位は悔しいですけど、割り切るしかないなと。

課題も見えました。スタート、ターン、ターン後のドルフィンキックだけでなく、自分が得意とする後半の伸びでもあまり追いつけなかったところですね。

筋力とスタミナはこれから絶対についてくるので心配はしていません。でも体重がなかなか戻らないので、今そのために頑張っています。毎日3食必ずご飯を食べて、前は飲まなかったプロテインを飲むようにしたり、お腹いっぱいになってからもう少し食べたり、そういうちょっとした努力をしています。

200m自由形に関しては泳ぐ前から楽しみっていう気持ちしかなくて。私、前から200のレースは嫌いじゃなかったですし、200を泳げる喜びというか、レースが楽しいっていう気持ちが強かったです。

タイムが出る時は、心の底から楽しいと思った時かな。結果を出したいというよりは、泳ぐのが楽しみ、このレース楽しみ、と思う時は、プレッシャーがなくてタイムが出やすい。だから国体とか、チーム対抗戦だと力が湧いてくる。自分が思っている以上の力が発揮できる気がします。

今年のインカレも、とにかく楽しいという一言に尽きる大会でした。日大はものすごくチームワークがよかったですね。女子は人数が少ない中で、どう戦っていくかを考えた時に、全員が一つでも順位を上げていかなきゃいけなかった。結果として、決勝に残った女子選手は全員メダルを獲ったんです。この少人数で準優勝というのもすごいこと。一人一人の「チームのために」という思いがどの年よりも、どの大学よりも強かったからこその結果かなと思います。もっとみんなと一緒にいたかったですね。これで最後というのはすごく寂しい。

私は普段はありのままでいるけど、友達には本当の自分をよく知ってもらえないなと感じます。たとえば大学に行っても、同じクラスの子たちと距離があるなとよく感じます。話しかけてはくれるけど、遠慮されてるというのがすごく伝わってきます。他の人たちと比べて、私に対する対応が違ったり。この人、自分と話して楽しいのかなとか、こんなに遠慮してて嫌だろうなって思うし、そういう風に接されると自分も遠慮しちゃうことがとても多い。

水泳仲間でも、昔は仲良かった子でも最近はスッとすれ違うこともあって。あれ、前はもっと仲良かったのになと。それは、闘病後の方がさらに強くなったかな。病気になったことによってもっと有名になった感じなので。私が遠い存在になったのではなくて、逆に私から見て彼女たちが遠い存在になったと言ってもおかしくないと思う。そこまでされるとショックで。ああ、こうやって、別に悪いことしてるわけじゃなくても、名が知れるだけでみんな遠慮するようになるんだな、と前から感じています。

入院中も、もちろんいろんな人から連絡をもらっていましたけど、本当にしんどくて誰とも連絡を取れないような時は、家族しか頼れる人はいませんでした。でも家族にも苦しいとか辛いっていう言葉を言えなくて。家族が苦しむのを見たくないからこそ言えなかったのもあるんですけど、今となればもっと頼っておけばよかった。

でもあの時は、病院の先生しか治してくれる人はいない、先生が出してくれた薬と一生懸命戦うしかない、自分じゃどうしようもできないと思っていたんです。

天才だと言われることはありますけど、自分ではそうは思いません。自分なりに努力してきたつもりだし、努力してなかったらあんな記録出ないし。もちろん水泳の素質とか、自分の泳ぎがすごく理に適っているとかもあるかもしれないけど、自分なりに体力や筋力をしっかり強化しての結果です。その努力をしてきたから、五輪にも出られたと思っています。

ただ、本当に自分に必要なものを見極めることはできますね。多分結構面倒くさがり屋だからだと思うんですけど、練習中でも「この練習自分に意味あるのかな」と思ったらすぐコーチに聞くし、気持ちが入らなかったら中断するし。そういうところははっきりしていて、それが競技結果に響いているのかもしれません。

だから周りの人を見ていても、コーチに従いすぎて、決められたことを完璧にやりすぎじゃないかなと思うことがあります。みんな、性格や、伸びる方法、速くなるための方法はそれぞれに絶対あるはずだから、コーチの言っていることは冷静に聞きつつ、でもそれが全てじゃないから、工夫していけば、自分に合ったものになっていくんじゃないでしょうか。

日大水泳部女子キャプテンに

2021年
11月

東京スイミングセンター招待では、専門種目ではない400m自由形と50m背泳ぎにエントリーしました。強化の一環だったので、経験のため普段出ない種目を選びました。今年4月の日本選手権からずっと復帰後の自己ベストが出ていなくて、あまり自分の得意種目にこだわりすぎていても苦しくなっちゃうだけだなと思ったんです。強化の時期なんだからタイムを気にせず、落ち込んだりしないような種目に出られたらいいなと。今回のレース2週間前くらいから400mの練習を始めて、短水路だと4分25秒とかで泳いでいて結構速かったので、20秒切れるかなと思っていました。でもレースではさすがに泳ぎ方がいまいちよく分からず、タイムは4分20秒89。自分のベストが9秒ですから、プラス10というそんなに良いわけではないタイムで終わりました。

50m背泳ぎは、スタートして15mの時点で周りから体半分も遅れていたんですが、泳ぎで挽回して優勝することができて、とりあえずよかったです。見ていたコーチや選手に「泳速、速すぎない？」と言われました。あまり出たことがない種目に出るのはすごく楽しかったので、いい経験はできたかなと思います。

今、練習の距離はだいぶ伸びていて、一回の練習で多くて５５００ｍくらいです。耐えられないことはありません。病気になる前のレベルに戻っていますね。練習も、長い距離を泳ぐことも嫌いじゃないので、苦ではないです。

個人メドレーは練習では取り入れていますが、平泳ぎや背泳ぎなど、専門外の種目を徹底的に練習することはありません。それでも病気になる前の２０１８年はあまり練習しなくてもかなり速いタイムが出ていました。今はそうはいかず、自分が持っていない筋力で他種目を泳ぐのはすごく難しいなって思います。

病気が回復してから、ずっと体重を増やしたい、筋力を戻したいと思って食事のコントロールや筋トレをしてきていますが、最近ドクターに相談をした時に、体重が増えない人は一気にではなくて、時間とともに徐々に増えていくと言われたんです。だから今無理して増やそうとしても増えないよ、と。今は体重に関しては長い目で見ていかないといけない、そこは妥協するしかないと思っています。

もう一つの課題であるスタートですが、ここ2週間ほど、スタートを変えることを少し考え始めているんです。具体的には、スタートの合図が鳴ってからの体の動き、反応、動作の素早さを変えてみています。陸トレで動きを鍛えつつ、水中練習で変えていけたらと。いつも練習しているプールにはスタート台がないので、大学に行った時に練習するくらいしかできなくて、なかなかうまくいかないんですけど。

早く昔みたいに戻りたい。スタートで頭一個出ていた頃に。それが取り戻せたら、自己ベストも見えるので、本当に早くそこまで戻ってくれないかなあって。そう思いながら練習しています。まあ、自分の努力次第でもあるんですけど。

10月のインカレが終わった後、水泳部の女子キャプテンになりました。これを機に、チームの雰囲気を変えたいと思っています。元々良い雰囲気のチームですが、部内練習組と部外組（外部のスイミングクラブに所属する選手）がどうしても分かれちゃっていて。部内組は男子が寮生活でいつも一緒で、部外の選手たちとは試合の時しか会わないっていう状況なんです。でも来年のインカレで戦うためにはもっとチーム力を高めることが必要で、みんなで練習する機会を増やしたいと思って、監督に月1回の部内練習会をやりたいと提案したら受け入れてくださって、11月からするようになりました。日大水泳部では大きな変化だと思います。

私は後輩たちからは結構怖がられているようです。もちろんそんなに怖くないと思うんですけど、やっぱり近づきがたいとか話しかけにくいというのはあるのかもしれません。なかなか後輩たちからは話しかけてこないんです。

でも毎月会うことによって、私がもっとみんなと交流したいと思っていることを伝えたり、みんなの気持ちや意見を聞いて、一緒にチームを良い方向に変えていきたい。自分の意見を伝えながら、後輩たちも自由に意見を言える雰囲気を作れるようなキャプテンでありたいです。

みんなの前で発言しない人には、本人の気持ちを聞きに行って、でもそれは私に言うんじゃなくてみんなに言わないと伝わらないよねっていう話は普段からしています。最近、自分の意見を持つ選手と持たない選手は、競技力にも結構影響するんじゃないかなと思っていて。人の言うことばかり聞いていては上にはいけない。だからそういう仲間たちには個を強くして、自分の意見を持って、自分が正解だと思う道を進んで欲しいなと思うんです。

自分の意見をはっきり言う性格は、小さい頃からです。小学校5年生の時の学芸会で、主役が男性の劇だったんですが、自分が主役をやりたいって手を挙げたんです。他にも手を挙げた男の子が2人いたので、その3人で今ここで演技してくださいって言われて。1

00人くらいいる前で、一番演技がよかった人が選ばれるということになったんです。結局私、主役になれたんですよ。あの時ああいう風に自ら男、女関係なく、やりたいって手を挙げられたことは大事だったなって、大人になった今、思います。

小学生の時にスイミングクラブで教わっていたコーチは、私がこうあるべきだと思うことを尊重してくださっていました。例えば練習で耐乳酸のメニューがあった時に、なかなか制限タイムが切れなくて、何度もやり直しをさせられていたんですね。でもやり直しさせられる前の数本で自分は力を出し切っているので、何本目かのやり直しになった瞬間、私は一気に気持ちが切れてしまい、もうこれ以上やる必要はないと、そこから手を抜いて泳いでいたんです。周りの子は必死に制限タイムを切ろうと頑張っているのに。大人に対してもこれは違うと思ったことは言っていましたが、そういう私を受け入れてくれる環境が、今の私を作ったのかもしれません。今でもたまにですが、練習に身が入らなくなったりした瞬間に、「ちょっと今日は身が入らないからいいですか」って上がったりする時もあります。

もちろんやると決めたらしっかりやるし、やっぱり強くなりたいって思う自分がいるから、練習ができなかった時は、「ちゃんとできる時にその分まで頑張ろう！」という気持ちでトレーニングに取り組んでいます。

2022年の目標

2022年
1月

先日、日大水泳部の公開練習会がありました。昨年のインカレで男子は優勝、女子も2位といい結果を残せたのは、家族や周りの方々のサポートのおかげだと思うので、その感謝の気持ちを表すためと、日大の練習の楽しい雰囲気を伝えるために、応援してくださっている方々をお呼びする練習会を、学生たちで企画したんです。日大伝統の「ワンパ」という円陣では、不安でしたが女子キャプテンの自分がやるしかないと思って、「強いのはどこだー！」と大きな声を出しました。冬の外のプールでの練習では上がった後の寒さが堪えるほどでしたが、いつもは孤独な練習も、みんなですることで、辛さを一緒に乗り越えていると感じられましたし、部員の楽しそうな姿を見られて嬉しかったです。

今は強化の時期なので、距離を多めに泳ぎながら、その中にスプリント練習を入れたりして、体をとにかく追い込んでいます。最近、1週間のうちに練習をする曜日を増やしたんです。練習回数は一緒ですが、今まで週5日泳いで、うち2回練習を週2日、計7回練習だったところを、2回練習を週1回だけにしてオフを週1日にしました。でも2回練習した翌日も泳ぐようにしたら結構ダメージが大きくて。やはり疲労が回復しなくて体がついていきません。闘病前は2回練習して、毎日泳いでも平気でしたが、まだ少しキツイです。そこは今コーチと相談しながらやっています。

練習では、前から取り組んでいる自分の弱かったところ、たとえばスタートの動作をもっと速くするとか、元々あまり速くはないドルフィンキックの改善、ターン前後のスピード感を意識するなど、細かいところに着目してトレーニングしています。

この間、所属のルネサンスのクラブ対抗水泳競技大会が短水路であって、4×50mフリーリレーの引き継ぎのタイムとはいえ、10月の日本短水路選手権の時よりも速く泳ぐことができました(24秒24)し、4人で日本学生新（1分39秒16）を出すことができました。著しく成長しているわけでもないけど下がっているわけでもなく、強化の時期にしてはそこそこのタイムが出て良かったなという感じです。

筋力はすぐに完全には戻らないかもしれませんが、とにかくスタートの改善さえできれば記録はパッと出ると思っています。

何かがダメだったら、何か別のところで挽回するしかないので。足りないところの強化をしながら、たとえ一つの方法が思い通りにいかなくても、他で改善できるところを見つけて、速くなるために色々考えています。うまくいかないことがあると大丈夫かなと思うことはありますが、冬の合宿で挽回するしかないという気持ちでいます。

あとは、レースの時の爆発力を大事にしています。昨年の東京五輪選考会前の合宿中もやはり昔の自分と比べてしまい、タイムもかなり遅いし、体力がなくて隣で泳いでいるチームメイトに勝てなかったりで、自信があったわけではありませんでした。でも一本一本の爆発力を試す練習ではしっかり勝てていましたし、タイムも昔ほどではなくてもそこそこの速さで泳げていて、それなりの練習を積んでいたので、全てがうまくいくなんてことは絶対ない、後はやるしかない、と考えていました。

とにかく試合前になったら、自分のよかったところをたくさん思い出して、自分はこんなに頑張ってきたんだという自信を持ってレースに臨むようにしています。

今年は5月の世界選手権が最大の目標ですが、選考会まであと2カ月、本番まであと4カ月ほどで、ほんとに時間はないなと思っています。例年なら選考会は4月ですが今年は3月の初め。その違いが大きすぎて。3月頭は、いつもだったらまだ強化から調整に移る頃です。調整を除くともう実質1カ月半しかない。でも1カ月や4カ月でもできることはたくさんあるので、悪い方には捉えないようにしたいです。

年末の合宿から一気に切り替えて、集中してトレーニングを積んでいます。正直、トレーニングの進捗や環境の面で気持ちが入らないこともありますが、合宿に入ったら自分が速くなれる要素がたくさん詰まった環境にいられるので、言い訳せずに全力で、自分との勝負だと思って体当たりしていきたいです。

こうなると、5月の世界選手権で早く結果を出して終わりたい、なんて思いますね。その後アジア大会もあって、今年は夏が長いですし。一つ一つを丁寧にこなしていければなと思います。

シーズン本番のレースに関しては、まだそんなに具体的にイメージができているわけではありません。まず3月の選考会で選考基準のタイムを切らないといけないですし、2位以内に入らないとなりません。昨年のオリンピック選考会を兼ねた日本選手権は出場全種目優勝することができて、自分でもびっくりしました。だからこそ次も優勝しなきゃという気持ちになってしまってはいます。もちろん優勝するつもりで練習して試合に出ますし、ある程度のプレッシャーは背負っていかないといけない。本番の世界選手権ではもちろんそれ以上のものを背負う覚悟はあります。

出場種目に関しては、個人的には200m自由形も泳ぎたいですが、3月の選考会で1

00mバタフライと200m自由形が同じ日になった場合は、どちらかに絞ると思います。昔の自分だったらどちらにも出て、両方ともイケるでしょ、みたいな気持ちでも優勝できましたが、さすがに今はそこまでの体力はありません。そうなると優先するのは個人種目になるので、200m自由形よりは100mバタフライ狙いになりますね。最近また200m自由形の泳ぎ方が分かってきて、やっぱり楽しいし、もっと速くなれるなと思うので、もしかしたらチャレンジするかもしれませんが、はっきりするのは直前になると思います。

昨年12月、長い間チームメイトでお互い切磋琢磨してきた持田早智が引退しました。早智と初めて会ったのは、私が中1、早智が中2の夏の全国中学校水泳競技大会（全中）前のルネサンスの合宿でした。当時私、練習がすごく弱かったんですけど、早智はとんでもなく強くて、この選手には自分は到底勝てないんだろうなと思いましたね。確かその年の全中は早智が2冠したのかな。その翌年から私も練習の環境が変わってタイムが伸びてきて、そこから二人で中学記録を出したり、出されたりという関係が2年くらい続いて、その後2015年の世界選手権、2016年のリオ五輪に一緒に出ることができました。

私は当時から練習がそれほど強くなくても、本番一発の爆発的な力は誰よりも出せる自信はありました。だからある程度自分が満足できる練習をしていればそれだけで結果が出ると思っていたので、早智がどれだけ練習が強くても、練習中の勝ち負けにこだわることはそんなになかったんです。

でも2015年と2016年の代表選考会前にあった恒例のグアム合宿で、50m×20本、100m×10本、200m×5本のメイン練習があって。それをやり始めた頃から、練習でも早智に勝ちたいと思うようになったり、早智が得意な200mの練習でも勝てるようになったんです。そこからやっと自分も200mの自信がついてきて、レースでも結果を出せるようになりました。

早智がいなかったら、自分はここまで記録にこだわったり、この人に勝ちたいという闘争心を持つことは絶対になかったと思います。もちろん競技者としては誰かに勝ちたいという気持ちはありましたが、トップに立っていたいとか、記録を常に更新したいという気持ちは、彼女がいなかったら絶対に生まれなかったと思ってるので、本当に早智がいてくれて、自分はここまで来れたんだなってすごく感謝してます。

2022年
2月

合宿での手応え

――ついてきた自信

年末年始は、合宿で金沢と長岡に行っていました。金沢では疲労がなかなか抜けなくて体調が整わず、周りの選手たちのお手本になるような練習ができたかどうか分からないような合宿でした。

でも年始の長岡合宿ではすごく良い練習ができました。闘病から復帰してから今までで一番良かったんじゃないかと思えるほど、とても充実した合宿でした。

例えば、45秒の短いサークルで50m×4本を3セット泳ぐ、スピード持久力をつける練習で、27秒後半から28秒前半でキープすることができました。今までだったら2本でへばってたり、1本で出し切っちゃったりすることが多かったんですが、やっと4本、ハイレベルで泳ぎ切ることができるようになってきました。気持ちが折れないようになったのもすごく大きいと思います。

それから、以前から日本代表合宿や試合で泳ぎを見てもらっているマグナス（・シェルベルグ、競泳日本代表技術アナリスト）が入江（陵介）さんや他の選手のサポートで長岡に来ていて、アドバイスを頂けたことも大きかったです。最近の一番の疑問だった、体重は戻っているのになぜスタートが遅れるのか、なぜドルフィンキックで負けるのか、という点に対してマグナスは、内転筋が足りなくて、ドルフィンキックを打っている時の両足が段々離れてしまっていると指摘してくれて。そうなると足の隙間から水が逃げてしまって推進力を得られず、スピードが出ないのが分かりました。

それまでは、練習でも全然みんなに勝てないし、「ああ、もう嫌だな」と思いながら泳いでたんですが、その話を聞いてから、「こんなに改善点があるんだったらそりゃ遅いよね」と納得できて、とてもプラスになる1週間の合宿でした。自分では分からないことを指摘してもらえたのが嬉しくて、水に入った瞬間に、「やっぱり水泳楽しいな」と久しぶりに思えました。

今まで回復がなかなかうまくいかなくて、長い間、悶々としていました。今もすべてがうまくいっているわけではないんですが、ある程度自分の足りないところや改善点が見つけられて、今後はそれをうまくやっていけば、どんどんよくなると思っています。

長岡合宿から帰ってきてからすぐに出場した短水路の東京都新春水泳競技会では、目標を上回る良いタイムで泳ぐことができました（１００m自由形53秒01、２００m自由形１分56秒65）。特にここが辛いっていう体の部位がなかったくらい、全身をうまく使う泳ぎができたと思います。

新春競技会の後は、ＮＴＣの長水路のプールでトレーニングをしました。短水路のレースでスピードが上がっていたんですが、長水路のプールでも泳ぎ慣れておきたかったからです。

実は、ＮＴＣのプールには少しトラウマがあったんです。東京五輪の前に代表合宿でＮＴＣに入った時、一人で練習していたので孤独感がすごくあって、頑張らなきゃと思っていても気持ちが入らず、ちゃんと練習ができていなかったんです。精神的に折れちゃっていたその時の印象が大きくて。でも、いざ行って練習してみたら、今回はとても感触がよかったです。すごく良いプールで、やっぱり環境は大事だと改めて思いました。良い練習ができたおかげでトラウマも解けたので、本当によかったです。

長岡合宿からのこの短期間で、自分のレースに対して自信がつくような練習がたくさんできたので、今は久しぶりに早くレースがしたいと思えています。

３月の国際大会日本代表選手選考会に向けて、２月はほとんど合宿になります。合宿に入ったら体調はしっかり整うと思うので、スプリントの部分もしっかり残しながら、１０

0を泳ぎ切る持久力をつけられればと思っています。

選考会では、バタフライと自由形の個人種目で標準タイム突破を目指しているので、去年以上に集中してレースをしなくてはいけないと思っています。去年のオリンピック選考会では決勝に残ることが目標という感じだったので。


日大スポーツ科学部の授業では、ひたすらスポーツに関することを勉強しています。履修科目は例えばスポーツ経営管理、スポーツ制度・行政、個人スポーツ論、試合論、メンタルマネジメントなどで、必死に課題をやっています。

オンライン授業はパソコンの色々なツールを使いながらやらなくてはいけないのですごく大変。コーチになるための授業も一応とっていて、周りには将来コーチを目指している人もいますが、私は自分がコーチになりたいと考えたことはあまりないです。

ゼミが一番面白くて、受けていて楽しいです。1月29日に、「日本アプライドスポーツ科学会」という学会で、ゼミでやっている個人研究の中間発表をする機会がありました。タイトルは「バタフライ泳のパワーとタイムの変化について」。研究を一枚のポスターにまとめて、それを発表しました。

研究は、高校2年からの自分のレースでの泳速とパワーの関係を比較しています。病気になる前の高校の時からのデータがあったので、これを研究としてやったら面白いんじゃないかと思って、それができるゼミを選びました。エルゴメーターという負荷を調節できる機械を使って、腰にベルトを巻いて引っ張りながら泳いで、最大牽引パワーを測定し、同時期のレースでのタイムとの相関関係を調べています。

そこで分かったのは、3、4年前に56秒台でバタフライを泳いでいた時の私は、今よりも最大パワーが低かったんですが、その分技術力が高かったということになるんです。

この研究をしたお陰で、今は昔と比べて自分の技術が落ちていることが分かりました。でもパワーがあるからこのタイムで泳げている。この研究でそれに気づいてから、どこをうまく使えば推進力を得られるのかを自分で考えながら練習するようになって、練習タイムが上がってきたんです。

では、どの部分の技術が落ちているのか。映像を見たりして、昔と違うことに気づいたのは、一つはスタートなのですが、あとはバタフライ。以前は上半身の上下動は少なめで、下半身のうねりがある動きをしていたんですが、今は上半身の上下動が比較的大きくて、下半身をうまく使えていなかった。なのでそこを意識しながら練習しています。

研究は先生方からも好評で、4年生になっても、卒業してからも続けていければと思っていて、大きな試合ごとに測定できたらと考えています。あとバタフライだけじゃなくて自由形とか、他の選手を研究することにも興味があります。

自分の泳ぎに関しては、これからタイムが上がってきた時に、技術力が上がっているのか、パワーが上がっているのか、どっちか見てみたいです。もし、3年半前に56秒0で泳いでいた時に今くらいのパワーがあったら、簡単に55秒台の真ん中くらい、つまり世界記録くらいは出せていたことになります。だから技術力を上げながら、今のパワーを落とさず、上げていけば、多分戻るんじゃないかと思っています。

2022年
3月

私はもう速くない

──一瞬にして消えた自信

世界選手権の代表選考会の前はすごく調子が良くて、間違いなく良いタイムは出ると思っていました。練習もよく積めていたし、練習タイムも去年と比べて明らかに上がっていて。半バタ（50mバタフライ）は練習中でも25秒台が出ていて、自分の日本記録（25秒11）に近いタイムが出たらいいなと思っていました。試合に向けてのモチベーションも高く、早くレースがしたくてうずうずしていました。

でも選考会最初の半バタのレースでは、スタートから気持ちが先に行き過ぎてしまったのか、自分でも力んでいるのが分かりました。映像を見返しても、手足のタイミングがしっくりきていなかった。力んだことで最後まで体力がもたずにレースが終わってしまいました。最後のタッチの時にちらっと横を見たら、隣の選手にちょっと前に行かれていて、タッチしたら案の定負けていて。タイムも良くないし、優勝もできなかったから、「もう何やってんだ」と思いました。その時から、感情がぐちゃぐちゃになってしまいました。

半バタは代表入りを一番狙っていたので、ショックが大き過ぎて、かなり気持ちを持っていかれてしまい、レース後ずっと泣いていました。夜ご飯は、みんながいるところに行かず、（西崎勇）コーチにサイゼリヤに連れて行ってもらいました。チームメイトの茉由佳とトレーナーさんと一緒に話しながら、次のレースに向けて切り替えようとしました。

大会3日目の1フリ（100m自由形）は、優勝して、派遣標準記録は切れると思っていました。初日のレースをまだすごく気にしていたけど、そんなに重く捉え過ぎないように、まだチャンスがある、もうやるしかないと思って決勝に臨みました。

でも決勝では、50mのターンの時、ちょっと手前で回ってしまって、壁をちゃんと蹴れなかったんです。あ、やばい、と思いました。ゴールしたら派遣標準記録まであと0・06秒足りなくて、「あ、もう終わったわ」と思いました。半バタと1フリが一番派遣標準記録を切れるだろうと思っていたので、最終日の1バタ（100mバタフライ）は「もういいや、もうどうでもいいや」という気持ちになり、レース後クールダウンしている時、コーチに「1バタは棄権したい」と言いました。泳いでもやる気出ないし、頑張りたくない、惨めな自分でいるのも嫌だと。コーチには「それは後で話そう」と言われましたけど。

速いと思っていた自分は一瞬にして消えていました。自分はもう速くないんだと。どう頑張ってもポジティブな方向に気持ちが向かなくて、周りに何を言われても何も入ってこないし、励まそうとしてくれているんだろうけど全然励まされない。とにかく今まで支えてくれてきた周りの人に、結果を出して恩返しをすることができなくて申し訳ないという気持ちが強かったです。

記録がすごく伸びていた高校時代までは、泳いだ分だけ結果が出るという感じでした。でも今回、スランプを経験している選手や、頑張ってるのに結果が出ない選手はこういう気持ちなんだと初めて分かりました。

その夜、ホテルでご飯を食べた後に母から「ちょっと話せる？」と連絡があって、ドライブに出かけました。今回のレースについて、いろいろ話をしているうちに、そもそも今回の選考会は、世界選手権に出場することよりも、２０２４年のパリ五輪に向けて臨んでいたことを思い出しました。最初の2レースで結果が出なくて、自分が決めていたことを忘れていました。

その時母が言った「戦わずして負けるか、戦って終わるか」という言葉が自分に刺さったんです。やっぱり自分は１バタで活躍したいという気持ちが強くて、そこから逃げるのは違うと思いました。

でも正直、1バタの予選は全然やる気がなくて、8番（端のコース）で残りたいと思っていたら、本当に8番残りだったので、危なかったけど、よかったな、と。

決勝前、コーチと茉由佳と3人で話をしていて、「もうここまで来たら、勝っても負けてもいいから、思いっきりいきなよ」と言われて。その時くらいから、自分の中でも最後はちゃんと泳いで終わりたいという気持ちが湧いてきました。もう周りのみんなは、私がメンタルやられてると分かっているし、イコール結果は出ないんだろうなと絶対思われている。そういう表情は、選手同士でも分かるんです。だから、決勝前のアップから「勝ちますオーラ」を出そうと思って、「誰にも負けません、半バタも1フリも気にしてません」という雰囲気を出して、レースに行きました。

「堂々と、胸張って、3番でもいいから」と思って。

今までずっと100mの後半の、最後きつくなったところでバテずに泳ぐための練習をたくさんしてきたので、レースではそこを大事に泳ごうと思いました。でも前半から落ち着きすぎると後半上がらずに終わってしまうので、周りを見ず、気持ちよく、自分の大きな泳ぎを生かして泳ぎました。もし真ん中で泳いでいて、そこでトップの2人に前半からバーッと先に行かれてしまっていたら多分焦っていた。端っこで泳げて正解でした。

最後に優勝できたのはすごく大きかった。正直、派遣標準記録は多分切れないだろうなと思っていたけど、結果は0・1秒足りないだけでした。惜しかったですけど、行けなくて悔しいという気持ちには全くならなかった。最後は自分が思い描いた通りに終わることができました。

今回の試合を振り返ると、試合前に調子が良くて、自分は絶対に速く泳げると思い込んでいたので、結果が出なかった時のダメージが大きかったという感じです。絶対に、結果を出す力は持っていると思っています。そういう練習をしてきたんだから絶対出るんですけど、最初の半バタで泳ぎがしっくりはまらないまま終わってしまった。そして2番という順位が精神的に大きくて、引きずってしまった。1フリの前は引きずらないようにしていたけど、多分どこかで不安になっていたと思います。

去年の東京五輪選考会の後は「努力は必ず報われる」と言いましたが、今回思うのは、「必ず」ではないです。努力は「必ず」報われる、じゃない。努力したからって全てが結果に繋がるわけではない。力の発揮の仕方などが原因で、目標タイムまでコンマ何秒か足りなかったり、全然成績が伸びなかったり。でも結果が出なかったからといってもうダメだとなるんではなくて、ちゃんと努力を続ければ、いつかその努力が報われる日が来る。それが自分にとっては去年のオリンピック選考会の時だったのかな。

そんなに順調にいくわけないし、悔しいし、もう嫌だなと思った反面、自分は挫折だなんて思っていないけど、そういう気持ちも分かった。本当は分からない方がいいけど、一つの経験として前進できた試合だったと思うようにしています。

選考会の後4日間オフをもらって、友達と食事をしたりして気持ちも体もリフレッシュしました。

今シーズンの新たな目標に関しては、まだ何も考えていません。世界選手権に行くつもりで、練習も、今後の予定も全部組んでいたので、また一から計画を立て直します。とりあえず4月の日本選手権かな。アジア大会の選考会になるので。

世界選手権には行けませんが、ユニバ（6月に開かれるワールドユニバーシティゲームズ）の代表に選ばれて嬉しいです。初めてなのでどういう試合か分からないんですが、大学1年の時の大会は入院中で、皆がとても楽しそうにしてるのを見ていて、実はすごくユニバに行きたかったんです。同世代が一緒だから楽しそうだなと思って。2024年に向けての準備段階として経験を積む意味では、今回はこういう結果でよかったって思うしかないなと思ってます。

解放されたある出来事

2022年
4月

4月から大学4年生になりました。この間入学したばかりなのに、時間が経つのは早過ぎる。1年生の時は入院中で学校に行けず、2年生も3年生もコロナで行けなくて。今年はやっと行けるけれど、友達はみんなもうほとんど単位を取り終えてしまっているので学校に行っても会えない。でも私もちゃんと4年間で卒業できそうなのでよかったです。

3月から4月にかけて合宿が二つありました。一つは日本代表の自由形リレーを強化する目的のフリーリレー候補サポート合宿。普段の代表とは違ったメンバーでワイワイ楽しくできて、違った刺激が入りました。年下の選手には負けたくないという強い意地も出てきて、良い練習ができました。

もう一つはユニバの代表合宿で、同年代が集まってとにかく楽しかったです。今年のチームは社会人が一人もいなくて、全員が大学1年生から4年生までなので自分が一番上。私が初（日本）代表の時は15歳で、一番上の先輩とは年齢がすごく離れていたし、それからしばらく経っても代表チームではまだ下の方という感じだったんですが、今回は一番上で、すごい時が経ったんだなと。初代表の選手が多かったので、一番上としてお手本にならなきゃいけないと思って行動で示すようにしていました。

私は人の名前を覚えるのが苦手なんですが、一回一回の練習で同じコースに入った子の名前は覚えようと、練習のレスト（休憩）の合間に「ねえねえ、名前なんていうの？」と聞いたりして、後輩たちが私たち先輩に萎縮することがないように、なるべく楽しい会話をするように心がけました。4日間という短い合宿期間でしたけれど、みんなとコミュニケーションを取ることができたし、仲良くなれたかなと思います。

正直、今年に入ってからは、目標を見失いかけていた時もありました。2月に福岡の世界選手権のコロナ禍による延期が決まり、その後急遽ブダペストで世界選手権を開催することが決まって。その急な変化は私たち選手にとっては苦しかった。2月の選考会でグッと上げていこうと思っていたところで、思うような結果が出せず、まさかの代表漏れをして、かなりダメージは大きかったです。

でもユニバ代表に決まって、もともと3年前に病気で行けなかったユニバにはとても行きたかったので、モチベーションは上がっています。ちょうど同じ時期にある世界選手権とはプレッシャーは比べものにならないと思いますが、国際大会には変わりはないので、やるべきことはしっかりやっていきたい。あとは、後輩たちにレースで勝つかっこよさを見せてあげたい。ナルシストではなくて、競技者としての自分の背中を追ってほしいという気持ちがあるので、たくさん活躍したいし、どんなにレースがハードでも絶対やり切ろうと思っています。

今日も練習中にふとレースのことが頭に浮かんだんですが、以前みたいに誰にも負けないくらい差をつけて泳いでいるイメージが自然と湧き上がってきました。ふとした時にそういうイメージが浮かぶというのは、気持ちが戻っていないとできないことなので、メンタル面は徐々に上がってきていると思います。

選考会後、目標の再設定が必要になりましたが、目標って無理に立てるものではないと思うんです。設定しすぎると、苦しくなるだけ。私は、選考会後は落ち込んでいて、オフをダラダラと過ごしたり、モチベーションも特になくて。翌月の日本選手権もそんなに良いタイムを狙わなくてもいいんじゃないかなとか思っていました。でもユニバの代表合宿で、試合会場や選手村の写真を見て、徐々にイメージができてきて、やっと今シーズンの目標が決まってきました。

今の私にはユニバという目の前にある舞台で、どうしたいか、どうなりたいかを考えた方が、気持ちは楽です。これを絶対にクリアしようとか、高い目標を掲げるよりも、現実的に今の状況で自分の理想を見つける方が、モチベーションも落ちづらいし、逆に上がると思います。今はそうやって、自然に湧き上がってくる目標をしっかり立てて、それに向かっていきたい。

2年後の目標は明確なので、そこに向けて今後のレースで何に出るべきかを考えますが、今年は色々チャレンジをしてもいい年。今を東京五輪前の2018年だと当てはめて、自分の調子が良かったあの頃のことを思い出し、来年はきっともっと良くなるとイメージしながらトレーニングをしていきたいです。

トレーニングに関しては、足のウエイトトレーニングを1週間前から始めました。今まではどちらかというと上半身メインのウエイトトレーニングをやってきていて、足の強化はそんなにやってこなかったんです。でもユニバの代表合宿やフリーリレー合宿で、自分より泳ぎじゃなくて身体的な部分で優れている選手が多くて、自分に足りないものはやっぱり下半身というのが一目瞭然で。改めてそこを強くしなければと思いました。以前、足などの大きな筋肉は回復に時間がかかると担当医に言われましたが、自分の努力次第だと思います。時間はかかると思いますが、やり続けること、継続することが大事だと思います。

最近とても嬉しかったのは、今まで3年間、多い時は10種類以上、ずっと飲んできた薬がやっと全部終わったことです。身体的には何も変わらないんですが、ストレスからはかなり解放されると思います。

一時期は薬を飲むのが怖くなっていたんです。量が多すぎて、一度一気に全部飲んだら吐きそうになってしまって。それ以来、飲んだら吐いちゃうんじゃないかなと、若干トラウマみたいになっていました。

薬がようやく全部終わると聞いた時は、本当に嬉しかったですね。母親に連絡して、なぜか分からないけれど勝手に涙が出てきました。飲み始めた時、すごく辛かったなーと思い出して。薬で体がボロボロになるまで追い詰められたので、自分の体に「よく頑張った」と言ってあげたいです。

体だけじゃなく、心もよく頑張ったと思います。入院中は一人でいるのがすごく寂しかった。母や友達やマネージャーさんがしょっちゅう病院に来てくれていたんですが、誰かがそばにいてくれるだけで気持ちが落ち着きました。台風の日に母が来られなくなってしまったことがあって、看護師さんも忙しいからずっと一緒にいてくれるわけじゃないし、怖かったですね。そういう時もあったと思い出しました。

薬の服用が3年で終わったのはとても早いみたいです。一緒の時期に退院した友達はまだ飲んでいて、しかも私が3カ月後くらいにはやめられた免疫抑制剤をまだ飲んでいるんです。私の免疫は、もう一般の人くらいには戻ってきているみたいです。個人差がけっこうあるようなんですが、私は退院した直後のその月に陸上トレーニングを始めたりして、ずっと運動をしていたのが関係あるのかもしれません。

この話を担当医の先生としていた時、回復力がすごいですねと言われたので、「いや、私、今年世界大会に行けなくなっちゃったんですよね」と返したら、「いや、僕たちからすると、ここまで元気に回復してくれること、元気でいてくれることだけで嬉しいです」とおっしゃって下さいました。競技者として、結果を求める、求められることは当たり前。でも、そういうふうに思ってくれる人がいると思ったら、心が穏やかになりました。競技がすべてじゃないって、その先生が改めて教えてくれました。

今、結果が出ないと、自分の中で葛藤しますね。まだ退院してから時間も経ってないんだし、焦る必要もない、結果がすべてじゃないって自分に言い聞かせる一方で、もっと結果を出したいと思っている自分もいて、そんな二面性と闘っています。活躍したいという気持ちはすごく強くあるので。

逃げ出したかった

2022年
5月

4月末から始まった日本選手権は、3種目（50mバタフライ、100m自由形、50m自由形）で復帰後のベストタイムで優勝することができ、そして5種目10レースをこなして、成長を感じられた試合でした。

初日の半バタ（50mバタフライ）は、タイムより順位にこだわっていました。3月の選考会の時に、一番自信のあるこの種目で勝てなかったショックが大きかったので、同じミスを繰り返したくない、とそれだけを思っていました。レース前は「力まない、力まない」と自分に言い聞かせてスタートしました。選考会のレース中、横を見た時に、隣の選手が前か横にいたことから力んでしまったので、とにかく自分のレースに集中しようと思って泳ぎました。

25秒台前半（25秒49）が出たのは嬉しかったです。ちょうど同じ時にあったアメリカの代表選考会の同種目の優勝タイムと私のタイムがぴったり同タイムだったんです。自分がそこまで戻ってこられたんだと嬉しくなりました。でも去年の日本選手権の時は25秒56で泳いでいたので、0・1秒も成長してないのかという気持ちもあります。

このレースから、やっと本来の自分の泳ぎを取り戻し始めたなと思えました。

2日目の2フリ（200m自由形）は、プライドは全然なかったですが、5年ぶりに日本選手権でエントリーして、今後に向けての体力強化のためにも出ておきたくて泳ぎました。タイムは遅いけれど、メダルを獲ることができたし、日本選手権に2フリでも戻ってこられただけでもすごくよかったです。

1フリ（100m自由形）の決勝は、レース前に本当に泣きそうになるくらい、めちゃくちゃ緊張していました。スプリンターの神野ゆめ選手と予選で前半が速かった白井璃緒選手に両隣を挟まれていたんですが、また周りに流されてしまうんじゃないかという不安がレース直前まであって、極度の緊張がありました。選考会の時のトラウマで、自分に自信をなくして以来、今回初日に半バタで優勝してもそれが払拭できたわけではなかった。今も、なぜだか分からないんですけど、あまり自信はないですね。

今回初めて、緊張で気持ちが追い込まれて、レース前に逃げ出したくなるという感情を味わいました。今、何かが起こって、プールの水がなくなったりしたら、みんな泳げなくなるのになとか、試合自体なくなればいいのにって。自分はこれからどれだけこんな緊張を繰り返さなきゃいけないんだろうと思うと、レースをすることがすごく嫌になりました。普通の人だったらこんなに緊張することなんて一生に数えるくらいなのかなとか、短時間でいろんなことを考えてすごく緊張して、いろんな人に見られて、結果を出さなきゃいけないっていうこの感覚を、あと何年続けなきゃいけないのかなって考えながら、レースの準備をしていました。

とはいえ、レース前に特に何かを変えることはなかったですね。極度の緊張も、たまにあることなので、一つの試合の緊張感として捉えていました。その1フリのレースの結果も、優勝できて、タイムも復帰後ベスト（53秒83）でよかったです。

4位だった最後の1バタ（100mバタフライ）では、直前に50m自由形を泳いでいた疲れというよりも、自由形からバタフライにうまく泳ぎをスイッチすることができなかったのが原因かなと思っています。練習中から、泳ぎをスイッチするタイミングでタイムをすごく落としてしまうことが多くて。以前はそんなことはなかったんですが、最近の課題だと思っています。

今回のレースで一番よかったのは、ラスト15mの伸びです。去年のレースでは、ラスト15mで腕1個分くらいの差はあっても、そこから引き離すわけでも、近づかれるわけでもないようなレースが多かったんですが、今回優勝した3種目では、一掻きごとに周りとの差が伸びていくレースができました。

ラストのところで乳酸が溜まって、ああやばい、浮きそうって思った時に、去年だったら泳ぎが焦って、テンポが速くなったり、水を掻くことよりも腕を回すことに必死になってしまっていたんです。今回はレース中にキツくなった時から「焦っちゃダメ、焦っちゃダメ」と思って泳いでいたのがうまくいきました。

スタートも、レース映像を見返すと、だいぶ追いついてきたなと実感しました。3月の選考会後に、この1年スタートが課題だった割には意外と成長していない、周りに追いついていないと感じて。今までウエイトトレーニングでは上半身がメインで、下半身のメニューは1、2種目しかしてこなかったんですが、選考会後からは下半身メインのウエイトトレーニングに変えました。短期間で、すぐに成果が出てきたかと思います。

あとは、選考会後に1、2週間ほど気分が落ち込んでいたところから、またモチベーションを上げられたり、今回は結果がよくなくても笑って帰ってこようと決めて臨むことができたりして、気持ち的によく頑張れたと言えます。

選考会の時は調子がすごくよかったけれど、気持ちが空回りして力んでしまった。そういう時もあるし、今回みたいに、準備が万全じゃなくても結果が出せる時もある。もちろん練習しないと速くなれませんが、本当に結果は気持ち次第で変わるものだと感じました。自分がこの1年で経験したのは、1年半くらい泳がなくても、また速く泳げるようになる——ということ。それは、すごく自分に希望を与えてくれたし、どんな状況でも成長することができると教えてもらえるような、そういう体験でした。

その直後に、せっかく選ばれた6月のユニバと9月の杭州アジア大会の、コロナ禍による延期が決まりました。ちょうどユニバの代表合宿中にそれをヘッドコーチから聞かされ、頭の中が真っ白になりました。ユニバに向けて調子も上げていたし、モチベーションもすごく上がっていたのが一気にすべて奪われた。今年出場予定の国際大会が全部なくなってしまったので、これから何をしたらいいんだろう、という感じでした。でも代表チームでは上級生なので、あまりそういう落胆を見せたくないと思って、翌日はみんなで明るく楽しく合宿最終日を終えました。

でも家に帰って一人になると、いろんなことを考える時間が増えて、気持ちがどんどん落ちていく一方でした。今年試合がなくなったことによって、強化ができる時間が増えたと思うようにして週末を過ごしたんですが、月曜日に練習に行く時には、気持ちが入らないし、体の調子はよいのに、全然泳ぐ気にもならない。泳いでいても早く上がりたいなと思ってしまって。喪失感というか、何も残ってないという感じでした。

今年は特に色々なことがあって、感情の揺れが激しいので、選考会後に、メンタルトレーナーというか、メンタル面を指導してくれる人に会ってみようかなと考えたこともありました。でもすぐに今回の日本選手権もあったし、ユニバに向けてモチベーションが高まっていっていたので、なんとか自分で持ち直していました。今はまた、これからの数カ月間何して過ごそうかな、どういうモチベーションで過ごそうかなという、何をしたらいいか分からない喪失感があります。

でもそういうことを他人に話す勇気がないんです。病気の時もそうだったんですが、周りにいる人に頼れない自分がいるんです。仲良くなった看護師さんとかには話を聞いてもらったりしていたんですが、家族だったりマネージャーさんには弱いところを見せられないというか、自分の本心を伝えたくないと思ってしまっていて、メンタルトレーナーも活用できていません。

国際大会がなくなってしまったので、今シーズンの予定をまた組み直します。とにかく、足踏みしないで泳ぐ。だらだら生活するんじゃなくて、やるべきことはあると思うので、それを絶対に止めないようにしたいです。

子どもの頃の記憶

2022年
6月

国際大会が延期になってしまったことを結構引きずっていたんですが、最近二つの合宿をして、よいトレーニングが積めています。一つ目は沖縄合宿で、コーチとは事前に練習回数は1日おきとか、毎日1回という話をしていたんですが、実際は普通に2回練習があったりして、追い込む練習もあったので、まったく楽じゃなくてあれっという感じでした。続く徳島合宿でも、とてもよい練習ができました。

今は体力づくり。1回の練習で4500mから5000mは泳いでいますね。200m自由形も泳ぎたい、泳がなきゃいけないので、持久力アップのために多めに泳いでいます。日本選手権が終わってからずっと体調がよかったので、気持ちが落ち込んでいる状況でも体はしっかり動いています。いつもならやる気がなくなると途中で「上がります」って言っちゃうのに、良い感じでメリハリをつけた練習ができている。今、国際大会のレースがあればいい結果が出ていたかもしれないと思ったりしますが、それでもずっと気持ちが折れずにトレーニングを継続できているところは、自分の中では成長した部分かな。

正直言うと、今モチベーションはないんです。何で頑張っているのかよく分からない。でも泳ぐのが当たり前になっているので、苦じゃないし、頑張ることも嫌いじゃない。気持ちが入らない時は少し抜いたりはしますが。確かに、そんな状態でよく頑張ってるなと思いますが、今は世界選手権のことなど何も考えずに頑張ってるという感じです。

今年の世界選手権は、オーストラリアの主要選手のうち出ない選手もいるようなので、自分が50mバタフライに出ていたらメダルを獲っていたんだろうなと想像しますが、強い選手が出て、そこで勝負して勝ってこそ本当のメダリストだと思うので、世界選手権のことは本当に水泳選手かとびっくりするぐらい気にしてないです。

3月の選考会のトラウマがあって、今も自信があるわけではないですが、早く強い選手と一緒に練習して、コツコツ自信をつけていかないと、と思っています。病気から復帰してから東京五輪に出て気づかされたのが、世界と全然戦えない位置にいるということ。今も、自分一人で練習していて周りがいないので、自分がどのくらい速いのか全然分からない。

海外の選手と一緒に練習することは自信に繋がると思います。（東京五輪でメダルを量産した）エマ・マキーオンと以前オーストラリアで一緒に練習をした時も、意地でも勝ちたいと練習中から思っていて、ほとんど負けなかった。その後の試合で、横にエマがいても全然怖くなかったし、勝てるという自信があったのは少なからず覚えています。

エマとは早くまた一緒に練習したいですし、彼女も楽しみにしていると言ってくれています。前にオーストラリアに合宿で行った時に白血病で体調不良になったので、当時一緒に練習していたメンバーもとても心配してくれていました。オリンピックの時に久しぶりに彼らに会えて、話せてよかった。その場所に行って、あんなこともあったなと色々考える時間も欲しいし、コーチのマイケル（・ボール）にもたくさん迷惑をかけてしまったので、オーストラリアに戻ってもう一回強くなるチャンスがあればいいなと思います。もし、練習中に負けたとしても、自分の足りないところがたくさん見つかるだろうし、自分が強くなりたかったら練習中に負ける辛さにもどんどん打ち克っていかなければ、その先がないなと。退院して復帰した時も、周りのみんなに全然勝てなくて虚しくなったりして、辛い経験をたくさんしたけど、もう一度そういう経験をする必要もあるのかなと思っています。

大学にはほぼ毎日通っています。前期はあと1カ月半ほどで終わり。ちゃんと単位が取れれば、後期はゼミとかが残っているだけで、大学生活はだいたい終わりです。

大学に入る前の目標が友達を作ることだったんですが、結局まだ誰一人友達を作れずに、あっという間に4年生になってしまいました。大学に行っても水泳部以外は知り合いがいなくて。周りの人が気にしてくれているのは分かっているんですが、気を遣わせてしまったらちょっと迷惑かなと思ってしまい、自分からは話しかけづらくて。私としては話しかけて欲しいんですけど。だから大学に行っても、一言も話さないことがほとんどです。水分補給しないと口の中がカピカピになるくらい。

一番小さい頃の泳いでいる記憶は、5歳の保育園の年長の時に、更衣室の前で「選手コースに上がる」と言われたこと。他にはほとんど記憶がないんですが、とにかくすごく楽しかったのを覚えています。仲の良い友達がたくさんいて、その子たちと会って、練習前にプールの体操場でワイワイ遊ぶのが楽しみで行っていました。別に速くなりたいという気持ちは一切なくて。他の習い事はたまにサボったりしていましたが、水泳だけはちゃんと通っていました。

小3の時に初めてジュニアオリンピックカップ（JO）に出ました。よく分からないままでしたが3番でした。JOでメダルを獲ったりして活躍し始めて、周りより自分は速いんだということは自覚していました。練習していても、絶対に誰にも負けないし、男の子にも勝っていたし。楽しかったですね。コーチの話を聞いていなかったりしてよく怒られましたけど。

周りに左右されない性格は、昔からでした。コーチの機嫌を窺いながら泳ぐ選手が周りに結構いて、なんでそういう風になるんだろう?って。私は自分がこうしたいと思ったことを行動に移すし、自分の中では、気持ちが切れたら速くならないという前提がある。泳ぐのは自分だし、速くなる、ならないは自分の問題です。それを誰かに教わったという記憶はないですね。

自分の意見をきちんと述べるところは、多分母の教育もあったり、幼児教室に通っていたからかなと思います。自分の意見を述べないと相手には伝わらない、とずっと言われて育ってきました。言わなきゃいけないことはちゃんと言って、言わなくてもどうにかなることは言わない。特に水泳に関しては、自分のためになること、自分の体に負担にならないことを優先して発言してきました。

周りには自分の意見を言わない人が本当に多いです。私は、その場で言わずに後から何か言われるのも嫌だし、人伝てに言われるのも嫌いです。

小さい頃、母に言われたことはたくさんあると思うんですが、何も覚えていないんです(笑)。よく喋るし、仲良いんですが、私は他人の言葉が右耳から入って左耳から抜けちゃうタイプなので。心に刺さっていることがあっても、時間が経つと抜けちゃう。その時に言ってくれる言葉をどんどん取り込んで、それが必要なくなったら、次に変わっていく感じでした。

小さい頃、遊びの一環で、なりたいものをイメージして絵を描くことを幼児教育の講師をしている母に言われてやっていました。よくオリンピックの表彰台の真ん中にいる絵を描いていたんですが、それも別に本気じゃなかったと思います。イメージするのは自由なので。でもその頃からイメージトレーニングの習慣は体に染みついています。

初めてオリンピックを意識したのは、２０１５年の世界選手権が終わった後です。それまでオリンピック選手になりたい、と思ってはいなかった。ただシンプルに、同じクラブのライバルに勝ちたいと思って泳いでいました。水泳に関して、ごく単純な気持ちで、何の汚れもなく、ただ楽しいから泳いでいましたね。

辛い22歳の始まり

2022年
7月

この7月、22歳になりました。誕生日は毎年恒例で家族全員が実家に集まって、誕生日会をしてくれます。今年は母がご飯を、姉がケーキを作ってくれました。私はあまりご飯を作るのが得意じゃないので、手伝うくらいですけど。

でもその翌日、なぜか扁桃腺が腫れてしまって、しばらく練習を休んでいました。耳が聞こえづらくて、体調がおかしいなと感じていたのですが、翌朝起きたら喉が痛過ぎて水も飲めなくなってしまって。病院に行き、痛み止めをもらってもまったく効かなくて、食事もほとんど食べられず、水分もまったく摂れず、夜中に何度も喉が痛くて起きるという状態が続いていました。別の病院に行ったら、水が飲めないために脱水症状を起こしていることが分かり、点滴をしてもらったらちょっと良くなって、それからすぐ回復していきました。

11日間も練習を休んだのに、いざ再開したら相変わらず調子が良くて。若干の体力の衰えは感じるんですが、泳いでみたらあれ、速いなって。もう大丈夫です。

誕生日の前に、日本大学・中央大学対抗水泳競技大会(日中戦)がありました。個人としては専門外の400m自由形に出て、ひとりぼっちで泳がなきゃいけなかったのでペースが分からず、タイムは散々でした。チームとしては、8月にあるインカレの出場メンバー争いとか、4年生には引退レースになるかもしれないという人もいたので、緊張感がありつつも、伝統の日中戦ということでみんな楽しそうでした。いろんな感情が混ざっていましたね。

インカレに向けては、男子はやっぱり強いなと思うので、本番もすごく楽しみ。女子は去年から戦力ダウンしてしまっているんですが、私たちのチームはもともと人数も他のチームに比べてかなり少なく、去年もたった6人で戦って、全員が決勝に残り、メダルを獲って、総合2位になった。だから女子のチームミーティングでは、後輩たちに、インカレにかける意気込みや、決勝でいかに高い順位を目指すかとか、9位、17位というボーダーラインの惜しい取りこぼしを絶対にしないように、普段の練習や、普通の試合でもちゃんと意識してやらないとダメだよ、という話をしています。

日大では伝統的に学生主体でメンバーを決めているので、4年生の選手とマネージャーで、インカレの布陣を決めています。1種目3人の枠をかけて、チーム内の月1回の記録会でレースをしてもらい、そこで速かった選手を選んだりしています。

シーズン開始から、インカレのためにチーム力強化を目標に掲げていましたが、コロナ禍で今はほぼ集まれていないんです。インカレ本番前に直前合宿があるので、そこでみんなで顔合わせができればいいんですが、感染者もまた増えているので、なかなかうまくいかないんじゃないかと不安に思っています。

最後のインカレくらい、たくさん観客を入れて、1年生の頃みたいにやりたかったですけど、このままだとまた寂しいインカレになるんじゃないかな。

世界選手権は、一度もテレビ中継を観ませんでした。別に観たくなかったわけじゃないけど、観たいとも思わなかった。タイムは、バタフライだけは見ました。去年のオリンピックと変わらず、例年通りの速さという感じですね。

自分がもし出ていたら……、50mバタフライは、本番で自分がどこまで力を発揮できるかによって大きく変わると思いますが、結果を見ると、まだ戦えないかな。もうちょっと時間がかかると思います。泳いだら意外と、あれ、速かったっていうこともあるかもしれないけど、自分の中では、今回出てても多分メダルは獲れてなかったかなと勝手に思っています。

世界選手権が終わって、自分が出るはずだった国際大会も延期になり、今はほとんど何も考えてないですね。とりあえず必死に練習をがんばってるという感じです。それによっていつか自分の力を発揮できると信じています。次に大きな試合があったら、楽しみだなとは思います。


私は芸人や歌手の人などからパワーみたいなものをもらっています。テレビで「世界の果てまでイッテQ！」とかを観ていると、みやぞんさんやイモトさんとかがものすごく過酷なことをたくさんやっていて、泣きながらでも必死に全力で取り組んでいく姿とか、苦しくても諦めずにがんばっているところを見て、私はすごく勇気をもらう。こんなにがんばってる人がいるから自分もがんばろうという気持ちにさせてもらっています。諦めようと思えば簡単だろうし、諦めたい時もたくさんあるはずなのに、それでも自分で「やります」と言って、ちゃんと成し遂げる姿を見ると、かっこいいなって思う。それをやり遂げた時の幸福感や、達成感を多分知ってる人だからこそ、そうやって苦しいことも続けられるんじゃないかなって。

あとは、羽生結弦選手が怪我を負いながらも、平昌五輪でＶ２を達成した時はとても勇気と刺激をもらいました。それを励みに、私は直後の試合で優勝することができましたから。プロ転向を発表した記者会見はまだ見ていませんが、その決断は、分かる気がします。もう競いたくないのだろうと。競うことは緊張も伴いますし。

もちろん羽生選手の心の内は私には分かりませんが、私もまだ22歳だけれど競技歴は長い。ずっと誰かと比べられたりすることにすごく疲れると思うんですよね。多分、羽生選手は、スケートを好きでやっているのに、周りも自分も勝敗ばかりにこだわってしまうことに疲れてしまったのでは。

私だって、緊張すると、常に逃げ出したくなります。もう早く終われ、としか思えない。とにかくこの緊張から解き放たれたい、と。

でも2024年のオリンピック選考会では、多分堂々とスタート台に立ってるんじゃないですかね。自分のこれからの努力次第だと思うんですが、私はその選考会のスタート台には自信を持って立っていたい。派遣標準記録切れるかな、切れないかなという状態じゃなくて、開き直って、自分との勝負をまたできるようなレベルに戻っていたいなと思います。

自分も人を勇気づける存在でいるか、自分では実感ありません。自分は自分というか。小さな頃から水泳をやって、こうやって伸びてきて、確かにいろんな人から知ってもらえる立場にはなったけれど、だからと言って、自分ってそんなにすごいのかな、と。

たとえば、私たちから見て大谷翔平さんってすごいじゃないですか。本当に次元が違う、ちょっと世界が違うんじゃないかと思う人。同じアスリートでも私が大谷翔平さんに対してそう思っているように、自分も誰かからそういうふうに思われているかもしれない。でも私自身は絶対そんなことないと思っていますから。自分は特別だとはまったく思っていません。

確かに、病気から復帰して、いろんな経験をして、私が泳ぐことによって、勇気をもらいましたとか、そういう風に言ってくれる人もたくさんいる。もちろんそうやって誰かが喜んでくれたら幸せだなと思うけれど、私はただ水泳が好きだから泳いでいるだけであって、有名になりたくて水泳をやっているわけじゃない。たまたまそれで誰かに勇気や希望を与えることができる選手になれたのかもしれない。とにかく、これからもちゃんと自分を持って、いろんなことにチャレンジしていきたいなと。そうやって自分がチャレンジした結果、喜んでくれる人がいることも、それが増えることも嬉しいなと思います。

最後のインカレ

2022年
10月

学生最後のインカレ（8月）と国体（9月）が終わりました。もう終わりなんだなという寂しさと、いつまでも子どもではいられないんだなという思いで、不思議な感じです。中学生の頃から日本代表入りして、今まで周りは先輩たちばかりだったのに、いつの間にか今回の国体チームに来たら後輩の方が多くなっていて。自分は今まで子どもでいたんだなと実感しましたし、これからは社会人としてしっかりしなきゃいけないんだ、と。小学生からの知り合いでチームメイトの（山本）茉由佳と一緒にいる時は、昔のままの、キャピキャピした自分でいられるんですけれど、一歩外に出てみたらそういうわけにはいかない。自分が見られる立場にもなってきて、騒いでもいられない。こうやってどんどん歳を重ねていくんだなと改めて感じています。

実はインカレの1カ月ほど前に不注意で右足を怪我してしまい、体調は万全ではなかったんです。怪我してすぐに自分で冷やして、とりあえず練習に行ったんですが、歩くのもままならない状態で。そのあとすぐに病院に行って、それから少しの間松葉杖をついていました。

それから最初の1週間くらいは自主練で足を動かさないように軽く泳いで、その後もキックなしでメニューを組んでトレーニングを始めて、2週間後くらいからインカレ前の合宿に入りました。レースの1週間ほど前にようやくテーピングを巻きながら軽くスイムもやってみて、レースの前日に初めて軽くダイブの練習をしました。だからほとんどぶっつけ本番という感じでしたね。

大会2週間前の日大のインカレ合宿では確かに焦りがあったんですけど、その後の大会直前の所属クラブでの合宿では、50mのスピード練習を久しぶりにした時に意外にタイムが速かったんです。1カ月近くまともに泳げなかったのに、今までの積み重ねがあったおかげでなんとか泳げそうだなと思えたので、焦りはそこまではなくなりました。

インカレでは50mと100m自由形とリレー3つにエントリーしていたんですが、何が不安だったかと言われたら50mが一番不安でした。一発目のレースだったし、ドルフィンキックも1カ月くらいまともに練習できていなかったし、ただでさえスタート遅いのにそれも全然練習できてなくて。

だからレース初日もかなり不安だったんですが、50m自由形を泳いでみたら意外と泳げて、とりあえず優勝できた（25秒09）のでひとまず安心しました。

その後、400mフリーリレーと400mメドレーリレーがあったんですが、私が遅かったせいで両方ともメダルを逃してしまって。キャプテンなのにこんな不甲斐ないレースをしてしまって、いい結果を残せず、みんなにもメダルを獲らせてあげられなかった、と自分を責めました。アンカーだったのもあって背負ってしまって。最後のインカレなのに、そのインカレの楽しさをまったく感じられなかったですね。

でも最終日の個人種目の1フリ（100m自由形）は、心に余裕はまったくなかったんですが、なんとか切り替えて、何がなんでも勝たなきゃいけないと思って臨みました。体力的な部分で若干不安がありましたが、今までのレースを思い返して、自分の得意な後半に入ったら負けないだろうという、積み重ねてきたレースの中での自信を思い返して、自分を奮い立たせました。インカレ直前の練習でも意外にタイムも速かったし、なんとかなるって。

インカレ最後の個人種目だったので、やっぱり最後は2冠獲って終わりたいなと強く思いました。あとは、去年のインカレの時に山本茉由佳が中京大の神野ゆめ選手に1フリで負けたのがとても悔しかったらしく、自分の悔しさを今年晴らしてほしいと言われていて、じゃあ私が1フリでちゃんと優勝してくるねって約束していたんです。それもあってこのレースだけは絶対に優勝しなきゃいけないと思って泳ぎました（54秒26）。

それはレースが終わってからゆめちゃんにも伝えました。表彰式で待っている時に、茉由佳にこう言われたから今回はどうしても優勝しなきゃいけなかったんだよね、という話をしたら、彼女はちょっと悔しそうな表情をしていましたね。その時に、ゆめちゃんと、2位だった池本凪沙《なぎさ》選手に、これからは2人で学生のスプリンターを引っ張っていってほしいという話もちゃんとできたのでよかったなと思います。

表彰式の時は、周りの選手とくだらない話もするし、真面目にレースを振り返る話をしたりもしますよ。レース展開の話とか、泳いでいる時こういう気持ちだったとか。

その後の最後の800mフリーリレー（8継）は、予選で3番残りだったんですが、その前のリレー2つともメダルを目指して両方とも獲れなかったので、他の3人の選手にはあまりプレッシャーを与えないように、「ビリにならないように泳ごう」と話をしていました。そうしたら3番で最後に表彰台に上れた。すごくいいリラックス感で最後のレースを泳げました。

同学年でチームメイトの小堀倭加《わか》選手とは、日本代表では8継を一緒に泳ぐこともあるんですが、日大のチームメイトとして一緒に出るリレーは最後だったので、「寂しいね」って言い合っていて。最後の8継の決勝で第3泳者の私からアンカーの倭加に引き継いだ時は、ものすごく寂しい気持ちになりました。

全部泳ぎ終わって、気持ちが溢れ出しそうなくらい、すべての人に感謝していました。これまで私に関係してくれたすべての人に感謝の気持ちでいっぱいで、涙が止まりませんでした。ほとんどが水泳に関係している人ですが、病気前も病気してからもずっとサポートしてくれている人たちがたくさんいて、応援してくれている人たちがいて、そういう人たちに対する感謝の気持ちでいっぱいになりました。今までもすごく人に感謝を伝えたくて、伝えてきたことはあったんですけど、今回はその気持ちがより一層強くて、一人ずつにありがとうって伝えたいくらい感情が溢れていました。その気持ちを、1フリで優勝した後のプールサイドのインタビューでチームメイトたちには伝えられたかなと思います。

しんどい
——メンタルとの闘い

2023年
1月

年明けに出た東京都新春水泳競技大会は、昨年9月の国体以来久しぶりのレースでした。合宿の一環だったのであまり記録のことは考えずに、とりあえず出たという感じでした。でも試合に出るからには結果を出したいと思う自分もいるし、一方どこかで無理なんじゃないかと思っている自分もいて。自信のないまま泳いだ結果、体は全然動かず、タイムも散々でした。多分レースに対して結果を求めすぎていた。それが今、自分を苦しめている原因の一つでもあるかなと思います。

昨年9月のオフ明けから、体調を崩してしまうことが多く、練習ができない期間がありました。練習を再開できるようになっても、風邪っぽい感じで、みんなと同じように泳げない時もあって。治って、頑張ろうとした時にまた別の症状が出たり。そういうことが続いたので、思うようにトレーニングが積めていませんでした。体調管理はしっかりしていたつもりだったんですが、一気に疲れがきていたのかな。

厳しいトレーニングがあまりできていなかったので、無理して試合に出る必要もないし、昨シーズンは春も夏も結果があまり良くなかったから、冬場の強化をしっかりやりたいなと思って、国体以降の試合は全部棄権させてもらいました。

今では体調も戻り、12月の宇都宮合宿、金沢合宿、年始の長岡合宿は自分なりに一生懸命やったつもりで、多分強化はできていると思います。

ただ、なんかしっくりこないんです。練習はちゃんと頑張ってます。頑張ってるはずだけど、頑張ってると自分で認められない。どうしてか分からないんです。普通にトレーニングは積めている。コーチも褒めてくれるし、むしろいいって言ってくれる。練習のタイムはいいので、周りから見たら、これの何が悪いのって感じると思います。でも「今日良かったね」って言われても、何が良かったんですか、と思ってしまう。「頑張ってたね」って言われても、今日のどこを見てそんなことを言ってるのって思っちゃう。褒められることに対しての〝はてな〟が大きくて。

こうなっている自分が嫌で、今はとりあえず「しんどい」以外の言葉が見つからない。

水泳が大好きな気持ちはまったく変わらなくて、もっと速くなりたいし、活躍したいってすごく思って練習しているけど。

でも、また上手くいかないんじゃないか、結果が出ないんじゃないかと思ってしまう。誰かに見られていることも、注目されていることも嫌で、それがずっと続いてます。正直それも理由で、去年の冬の試合にあまり出たくなかったんです。もっと気楽に楽しめればいいのに、それが上手くできない。

気分転換しようとすると、それに対しての罪悪感みたいなものが生まれてきちゃう。友達に会って、楽しくみんなと接していても、楽しめば楽しむほど自分は悪い方向に行くと思ってしまう。楽しんでいいのかなとか、幸せでいいのかなと。今はプライベートとの両立を望むのではなく、きついトレーニングをして、水泳だけに集中していた方がいいのかなと思っています。もう気分転換をする時間もないですから。4月の選考会も近くなってきてるし、9月の国体まで出たらシーズンはあっという間。来年はオリンピックだからオフもそんなにもらえないだろうし。あと1年半は我慢しなきゃならない。

考えれば考えるほど悪いことを考えてしまう。多分、一人で考え事している時間が今の自分にとって一番良くなくて。答えがないことを一生懸命考えても、見つかるはずがないのに、それを見つけようと必死になって、どんどん悪いことを考えちゃう。それが良くないから、人と会う時間を増やしたりはするけど、そうするとまた楽しむことへの罪悪感を抱く。そしてまた嫌なこと考えちゃったって思うことが気になる。常に複雑な感情です。

唯一気分転換になるのが、掃除や家の片付けをすることです。それによって自分を忘れられるから、すでに綺麗なのに掃除がやめられない。無我夢中で他に集中できるので、それも自分を整えていくための一つの手段なのかもしれない。一生懸命、何かを変えれば変われるんじゃないかなと思って生活している感じです。

周りに助けてもらいながらじゃないと上手くいかないこともあると思うんですけど、自分で解決できることは自分で解決したいし、心配されることが申し訳なくて。この間の試合の時も、しばらく試合に出てなかったから、いろんな人に「元気だった？」って聞かれて、挨拶の時にそう聞くのは当たり前なのに、その言葉さえ言われたくないと思ってしまう。何事もなかったかのように普通でいて欲しい、いつも通りに接して欲しいってずっと感じています。


そんな中で、他のスポーツを観ていると、ああ、私も頑張ろうってすごく思えます。

この間、初めて女子のバスケットボールの試合を観に行きました。ＥＮＥＯＳ対デンソーの皇后杯決勝でした。フィギュアスケートは観たことがあったんですが、バスケットボールはすごく迫力があってかっこよくて、女性アスリートをあんな感じで観るのは初めてで、面白かったです。スポーツって直接観るとプレーの迫力が全然違って、より好きになりますね。いろんな刺激をもらえるし、自分に得しかない。飽きなくて、また観に行きたいと思いました。

サッカーも、以前『ナンバー』で対談させていただいた長友佑都選手に招待いただいて、FC東京の試合を観に行きました。

サッカーの試合は、イギリスで観た岡崎慎司選手のレスター対アーセナル戦とか、何回か観に行ったことがあります。面白いし、走っている姿は本当にかっこいい。競技によって、自分に与えられる刺激がちょっとずつ違いますね。

サッカーはコートがめちゃめちゃ広いから、それを45分間ずっと走り回ることだけでもすごいけど、その体力や当たり前の技術以上に、チームプレイだから頭を使ったり、いろんなことを考えながらやらなきゃいけないんだろうなと。水泳は個人競技で自分との勝負だから誰にも迷惑はかけないけど、チームプレイはチーム全体のリスクがあるから、常に気を張ってなきゃいけない。それがいいところでもあり、苦しい部分でもあるんでしょうね。

W杯直前に会った長友さんは、凄いオーラがありました。「目が綺麗ですね」って言われましたが、そう言われる前に私はずっと長友さんの目がキラキラしてるなと思っていたんです。常に前を見据えているような、汚れのない、本当に綺麗な目をしていて、あ、これがトップアスリートのあるべき姿なのかと思いました。優しさと勝負師の両面を、目を見るだけで感じる方でした。

実は一時期体重が減ってしまって、2年前くらいの体重に戻っちゃっていたんです。これはまずいと思って、12月に長友さんの専属シェフの加藤超也《たつや》さんにお世話になりました。実際に料理をしていただいたり、手書きのレシピをいただいたりもして。美味しいご飯を作ってくださるから苦手な食材も残さないで全部食べたいと思って、それから自炊も頑張るようになり、1カ月で4kg増えました。今はそれを維持することを目標にしています。

今年はこれからいくつかレースに出て、色々な修正をきちんと繋げて、選考会までにレース勘を戻せたらなと思っています。今、大きな目標はないんですけど、とりあえず7月の世界選手権に行きたい。その選考会に臨むためのメンタルだけはちゃんと整えていきたいと思います。何かを変えなければいけないとは常に自分の中で考えてるけど、それを考えすぎたらまた悪い方向に行くので。だから、あ、これやろう、と思ったことをその場でやるようにして、あまり自分を責めすぎず、考えすぎないようにすることが今必要だと思っています。

不安で自信がなかった日本選手権

2023年
4月

　去年からずっと、精神的にしんどい時期が続いていました。どうしても自分に自信が持てなくて、悪い方にばかり考えてしまって。一人じゃどうしようもできないこともあったので周りに協力してもらいながら、少しずつネガティブな考え方を正すようにしてきました。いかに自分のメンタルの波を作りすぎないようにするか。4月の日本選手権直前は特にそれを意識していました。そういう少しずつの努力や周りのサポートの積み重ねで、最終的にああいう結果に行き着いたんじゃないかなと思います。

　泳ぎ込みの練習で体がきつい中、2月のコナミオープンの1フリ（100m自由形）で勝てたことはすごく自信になって、ホッとしました。

　勝負の世界なんだから、勝たないと面白くない。レースではいつも勝っていたのでタイムばかりにこだわっていたけど、今はみんながライバル。その中で勝つことが今の自分にとって一番必要なこと。負けて面白いと思う人はいないと思うし、みんな勝つために練習を頑張って試合に臨んでいる。その中でも自分は絶対に1番を取りたい。誰よりも速いんだ、強いんだと思ってトレーニングをしています。そうじゃないと私は多分この競技をできないんじゃないかな。

とはいえ、相変わらずまったく自信がないまま日本選手権を迎えました。

実は、初日の１バタ（１００ｍバタフライ）の朝、起きたら体調がすごく悪かったんです。喉が痛くて、扁桃腺、リンパが腫れていて。これはちょっとまずいなと思いながら予選のレースを泳ぎました。その後ホテルで昼寝して起きたら、めちゃめちゃ体が重くなっていて。やばいな、大丈夫かなという気持ちで、決勝前のウォーミングアップを３００ｍだけにして、体が冷える前に切り上げました。

決勝前も相変わらずすごく不安で、私が「大丈夫かなあ」とか「3番以内に帰ってこられたらいいなあ」と言いながらあまりにも自信なさそうにしているので、普段だったら一緒にいて励ましてくれるチームメイトとかコーチももう顔が引き攣《つ》っていて。「だ、大丈夫だよ」みたいな返事で。それで余計に、今回は無理かもしれないと思って決勝のレースに臨みました。

でも今まで練習はしっかり頑張ってきたし、レース直前は「練習だと思って泳ごう」という考えや、「自分は池江璃花子だ」っていうプライドを持つことができました。開き直りだったんですかね。

レースの最中の記憶が一切ないのですが、タッチしたら優勝していて、世界選手権の派遣標準記録も突破できていました。レース後の帰り道、コーチに「優勝したから言うんですけど、実は朝からめちゃめちゃ体調悪かったんです」と打ち明けました。その夜はアドレナリンが出ていたから回復していましたけど。

でも翌朝起きたら、前日よりももっと体調が悪くなっていたのでさすがにこれはまずいとドクターのところに行って、飲んでも大丈夫な薬を全部出してもらって飲みました。なんとか中2日間で戻したという感じでした。原因はたぶん乾燥と花粉です。

4日目の1フリの決勝は、めちゃめちゃキツかった。泳ぎながら隣の選手たちと並んでいるのが分かっていて、わー、これ大丈夫かな、勝てるかなと思いながら最後は周りを見ずにタッチしたら、何とか優勝していて安心しました。

半バタ（50ｍバタフライ）は個人種目で一番代表に選ばれたいと思っていた種目で、久しぶりに試合が楽しみだと思えました。相馬あい選手がかなり調子を上げていたので若干大丈夫かなという気持ちもありましたが、自分のレースをすれば絶対に勝てると思っていました。

最終日の50m自由形のレースは一番楽しくて。周りが全然気にならない状態で、すごく良い泳ぎができました。


3月には大学の卒業式がありました。すごく楽しかった。高校の時は卒業式の前に病気が判って、入院前に一人だけ先に卒業式をやってもらったんです。みんなと別れる寂しさだけじゃなく、ひとりぼっちで、これから辛い病気との闘いが始まるという区切りのイベントでした。

だから今回はちゃんと卒業式に出られて、とにかく4年で卒業できて嬉しいという気持ちが大きかったです。友達とはいつでも会える関係だから泣くほど寂しくはなくて、でも少し寂しいっていう、いろんな感情が入り混じった、素敵な一日でした。

社会人になって、学校に行かなくてよくなり楽になりました。高校生の時からずっと朝練して、学校行って、午後練して、また次の日朝練という生活を繰り返してきたので。大学時代も授業によって練習時間を変えたりするのがすごく面倒くさかった。今は、その分水泳に集中できています。

卒業後の所属を決める際、いろいろな会社の方や社員さんと話しました。どこもすごく良かったんですが、最終的に横浜ゴムに決めたのは、「世界を目指す」という姿勢が自分と一致していたからです。

入社して、いい意味で、責任が増えた気がします。これまでは所属クラブのルネサンスのコーチにいろんなことを管理してもらってきましたが、今は社会人としての契約になったから、何でも自分でやらないといけない。

企業のイメージを上げるために私がどうやって貢献できるだろうかとか、横浜ゴムだけでなく第二区分登録団体のルネサンスの思いを背負って結果につなげる気持ちです。うまく言えないんですが、新しい所属に対してすでに自分の気持ちが入り込みすぎていて。日本選手権の時は、まだ横浜ゴムと一緒に歩み始めて数日しか経っていなかったんですが、会社の一員として結果を出せてよかったなとすごく思いました。今、所属として一番自分のそばにいてくれるから、貢献できてよかったというシンプルで純粋な気持ち。応援してくれている人のためにというのはこういうことなんだなと改めて感じました。

初日の1バタで勝てた時、今までコーチをたびたび不安な気持ちにさせてきたから、コーチに「よかったですね」って言っちゃったくらい。コーチに対しても結果を出せてホッとしました。

今までも結果で恩返ししたいと思うことはたくさんあったけれど、ここまで結果を出してホッとしたのは、今回が初めてなんじゃないかなと思います。

7月の世界選手権に向けて、正直、今もまだ自信はないんですが、ただ気持ちは人一倍入っていると思います。日本選手権後すぐにあった第一次代表合宿の時に、オリンピアンや周りのコーチたちの話を聞いていて、やっぱり結果を出すって本当に大事だ、今回は結果を出したいって久しぶりにすごく強く思ったんです。

半バタが一番戦える種目。あとは課題のスタートさえ良くなれば。今回の日本選手権ではスタートでだいぶ遅れなくなった実感があるので、今後足腰とお尻の強化と、自分に合ったドルフィンキックの打ち方を見つけたいです。あとは来年のパリ五輪は半バタがないので、1バタではそろそろ57秒前半から56秒後半は出せるようになりたいと思っています。

5月に久しぶりにヨーロッパグランプリに行くんですが、今の自分には圧倒的に経験が足りていないので、海外の選手たちに揉まれながら泳ぐことによって、試合をすればするほど自分は強くなれると思っています。海外だと負けることも全然怖くないし、自分の立ち位置も分かる。そこが今自分のいるべき場所で、やっと帰ってこられたなという思いです。

もうどこに行っても大丈夫

2023年
6月

ヨーロッパ遠征が終わりました。久しぶりに海外に行って、すごく羽を伸ばせました。リラックスできたことが何よりでした。やっぱり日本にいると周りの目を気にしながら生活しているので、堂々と、みんなでわいわいしながら過ごすことができて、楽しかったです。

ヨーロッパグランプリが始まると、東京五輪で会えなかった選手やご無沙汰していたコーチが、私と再会できたことを喜んでくれて、とても嬉しかったです。

参加したレースは三つ。フランスのカネ、スペインのバルセロナ、そしてモナコを回るスケジュールでした。結果は3大会とも、すべてのレースであまりよくありませんでした。現地に入ってから1週間弱くらい感覚が良くなく、ずっと身体が重くてうまく泳げない感じでした。原因は分かりません。初戦のカネ大会の時、「このプール全然進まないな」

ですね。
と思っていて、そのまま身体が動かず気づいたら終わっていた、というレースが多かった

半バタ（50ｍバタフライ）では、カネ大会で3位（25秒89）、バルセロナ大会で2位（25秒77）、モナコ大会でも3位（25秒91）に入り、メダルを獲ることはできましたが、タイムはもうちょっと出せたんじゃないかと思いました。

特にカネ大会は、ちょうど5年前、私が半バタの日本記録（25秒11）を出した場所だったので、期待していた分、残念でした。

他の種目はもっと良くなかったんですが、半バタと他の種目は別物なので、並べて考えることはありません。

半バタの決勝レースで、サラ（・ショーストロム、世界記録保持者）と一緒に泳いだこと、久しぶりに一緒に表彰台に上ったことに対して、みんなに「嬉しいですか」ってたくさん聞かれたんですが、同じ種目で勝負していれば一緒に泳ぐことなんて当たり前という感覚だったので、そこは「嬉しい」という気持ちは湧き起こりませんでした。

サラとのレースで一番覚えているのは、彼女が優勝して自分が6位（後に上位の選手がドーピング違反で5位に繰り上げ）だった２０１６年のリオデジャネイロ五輪の１００ｍバタフライの決勝です。その後、私が２０１８年のパンパシフィック選手権で56秒08で優

勝して世界ランキング1位になった時、やっとトップで彼女とも戦えるようになったのかなって思っていました。

今回、一緒に泳いで、改めて彼女の速さを実感しました。サラはスタートはめちゃめちゃ速いわけじゃないけれど、泳ぎで差をつけていく。泳いでいて、自分はまだまだだ、と思わされました。

私はいつもスタートで出遅れるんですが、泳ぎで他の選手に追いつくのが得意。私より一つ上の順位にいた選手は、スタートして25mまではサラと一緒に泳いでいましたが、そこからだんだん落ちてきて、最後は私が追いついて0・1秒くらいしか変わらなかった。私がスタートさえ改善すれば、と悔しかったです。それができれば、泳ぎの部分で、サラにも離されないでついていこうとか、追いつこうとか、そういう気持ちになるんじゃないかと思います。

私にとって約5年ぶりの海外での試合だったので、外国人選手のスタートやドルフィンキックの打ち方をよく見ていました。その二つが今の私の課題だからです。結構学ぶことができました。

世界選手権のメンバーに選ばれ、ようやく戻ってきたという気持ちで臨んだヨーロッパ遠征でしたが、世界で戦えるという感覚はそこまで持てませんでした。タイムが遅かったことに関してはそんなに気にしていませんが、やはり結局は順位がすべてなので、その面で悔しいと思うことが多い遠征でした。

こういう時に、ああ、病気してなければなぁって思います。病気したから遅くなったし、体力なくなったし、戦えなくなったので。本当に以前の自分に戻すのには、今の努力以上のことが必要だと思いますね。ヨーロッパに行って自分の立ち位置が分かって、来年は絶対こんな悔しい思いをしないぞ、自分には伸びしろしかないと思う反面、もう少し時間はかかるなっていう不安もあります。

今回、病気を克服してようやく行けた海外遠征だったので、ヨーロッパグランプリに参加できたこと自体、とても嬉しいことでした。短期間に移動が続くハードな海外遠征でしたが、それをこなすことができたのは、もうどこに行っても大丈夫という自信になりました。

病気からの復帰後は、先生に極力日光を浴びないようにと言われていたので、しばらく外のプールで泳げなかったんです。主治医の許可を得た後も気をつけながらでしたが、今回少し日焼けしても体調に異常はなかったので、もう大丈夫です。

ただ、体調全般がよくなっているかと言われると……分かりません。ヨーロッパから帰ってきて、また体調を崩しましたし、しっかり泳ぎ込もうとすると体調を崩すという状態は去年からずっと続いているので、まだ不安はあります。
ヨーロッパグランプリの連戦が全部終わった後、来年のパリ五輪前の合宿地となるアミアンに視察に行きました。アミアンは本当にいい街でした。ずっとそこにいたいっていうわけではないけど、日本に帰りたくないと思うほど穏やかで、自然豊かで、みんながゆったり生活していて、プールも綺麗で。チームメイトの松元克央《かつひろ》選手、本多灯《ともる》選手と、来年またここに来られるように頑張ろう、みたいな話をしたんですが、私は「来年自分はここに来られるのだろうか」って複雑な気持ちになってしまって。二人は「えっ、絶対来られるよ」って励ましてくれたけど、自分の状況は自分が一番分かってるし……。でももちろん、頑張らないとっていう気持ちになりましたね。

世界選手権に向けて、あと1カ月半でちゃんと体力を戻していかなきゃいけない。今はどちらかというと焦りの方が大きいです。出場種目の中で、狙っていくのは半バタです。来年のパリ五輪は、半バタが種目にないので100mで狙わなければならないのですが、自信がなさすぎて戦いたいという発言が今はできないです。でもリレー種目があるので、100mももちろん気持ちは乗っていますよ。自分が遅かったら迷惑をかけるので。女子の400mリレーのキャプテンでもあるので、リレーメンバーのミーティングをたくさんやっています。海外ではリレーに懸けているチームが多いので、私たちもモチベーションを上げていかなければ。チームメイトのためにも１００ｍはしっかり強化していかなければならないと思っています。まずは体力を戻して、モチベーションを上げること、あとは泳ぎ方次第ですね。

2023年
8月

この日のために頑張ってきた、世界選手権

――私の立ち位置

福岡での世界選手権が終わって、今は少し喪失感を覚えています。振り返ってみると、覚えていないことが多いのは、あまりにもたくさんレースに出たからかな。

大会前は相変わらず自信はありませんでしたが、調子は悪くなくて、楽しみな気持ちの方が強かったです。会場の雰囲気もとても良かったし、国内での国際大会で観客が大勢いて、ワクワクしていました。福岡では街中の広告に自分の写真が大きく使われていて、そんなに期待しないでほしいと思う反面、やっぱり嬉しさの方が優っていました。

でもいざレースが始まってみると、初日の一発目の1バタ（100mバタフライ）の予選は、控え場所にいる時からずっと、自分でもよく分からないくらいものすごく緊張しました。入場して、観客の声援を聞いてウルウルと涙が出てきてしまうくらい。普段からすごく緊張はするんですが、今回は過緊張というかいつもと違う緊張で、言葉で説明できな

いくらいでした。

緊張は自分がどう思っても勝手にするもので、コントロールできない。それは今までもずっと変わらないし、これからもそうなると思います。緊張することは悪いことではなく、むしろいいことだと思っているんですが、今回の過緊張は、レースが怖いという感情からではなく、多分一発目だからということと、100mの自信があんまりなかったからですかね。

結局1バタは予選落ち（全体17位）してしまったんですが、今大会に向けてずっと50mの練習をメインにやってきていたので、1バタはもちろん大事だけど仕方ないと割り切っていて、そこまで大きなショックはありませんでした。直後に400mフリーリレーが続けてあったので、そこの切り替えはすごくうまくできたと思います。

初日の後、2日レースのない日があって、4日目に400m混合メドレーリレー、5日目に個人種目の1フリ（100m自由形）がありました。

1フリの予選はギリギリ準決勝に残れた（16位）のですが、準決勝ではタイムを落としてしまい、タイムが遅くて（54秒86）恥ずかしい気持ちでした。

今大会、リレーも含めて1フリを8回泳ぎましたが、全体的にタイムは良くありませんでした。前半の50mで消極的な入りのレースが多く、個人種目でもリレーの第1泳者の時も、54秒中盤から後半もかかってしまった。特にリレーでは周りのメンバーにすごく迷惑をかけました。それでも悪くなかったと思うところは、たくさんレースに出た割には、試合の後半でもタイムは良くないなりに安定していたことです。

課題のスタートに関しては、ほとんど手応えはなかったですね。なんでこんなに遅いのか、何がどれだけ違うんだって、何回ビデオを見ても分からない。病気の前の状態に戻すことがすごく大変なのも分かっているし、もし戻せたとしても、昔みたいな記録を出していた自分には戻れないと思っていますが、まだまだ研究不足で、悩みながら試行錯誤を繰り返しています。必要なことをやっているつもりだけど、自分の反張膝を活かしたドルフィンキックが今はできていなかったり、お尻や太ももの裏の筋肉が弱かったりするので、なかなか身にならない。時間がない中で、これから徐々にやっていくしかないと思います。

6日目の半バタ（50mバタフライ）の予選はとてもいい泳ぎができました。緊張や変なプレッシャーがなく、間違いなく今大会で一番気持ちよく泳げました。

その夜の準決勝は、「この日のために頑張ってきた」と思うレースでした。ここで決勝に残れなかったら、世界に戻ってきたということを証明できない、もう目標としていた舞台は終わりだと思っていたので、何がなんでも残りたかった。ここ数年ずっと世界の決勝で戦いたいと周りに公言してきましたが、正直本当に決勝に行けるという自信はあまりなくて。口先だけで終わっちゃうのかなと不安に思うこともあったので、決勝に残れて本当にホッとしました。

翌日、半バタの決勝を夜に控えたその日の午前中には、半フリ（50m自由形）の予選がありましたが、実はその朝、今までで初めて、レースに出たくないという気持ちになってしまったんです。朝起きて準備して、プールに着いた時点で気持ちが一気に重くなってしまって。半フリに対する苦手意識は一切なかったし、今までそんな風に思ったことが一度もなかったので自分でもびっくりして、なぜそうなっているのか分からず、とても混乱しました。気持ちが完全にマイナスの方に行ってしまい、その結果練習よりも遅いようなタイムでレースを泳いでしまって。すごく辛くてレース後のインタビューも受けられないくらい号泣してしまいました。皆さん、準決勝に残れなくて泣いていたと思っているかもしれませんが、それは違うんです。代表に選ばれて出ているので、テレビの前で、正直泳ぎたくなかったとは言えない。でもその時の自分は、レースに出たこと自体がすごくしんどかったんです。そういう気持ちになったことが辛かった。

でもその夜の半バタの決勝前には、ちゃんと切り替えることができていたと思います。準決勝で5番残りだったので、もしかしてメダル獲れるかもと周りに言われていて、自分でも、無理だとは思っていたけど、もしかしたらという気持ちがありました。可能性が1％でもあるんだったらそれを信じたかった。

あの決勝レースのことを全然思い出せないんです。でも大会を通じて自分に頂いた声援のことは覚えています。所属の横浜ゴムが大会スポンサーでもあったので会場内にブースを出していて、立ち寄った方々がメッセージを書いてくれました。トータルで５０００通を超え、大会の途中で私も読むことができたんです。その中には「泳いでくれているだけで十分」というコメントが多かった。とても救われました。しんどいレースばかりで毎日押しつぶされそうで、メンタルもギリギリのところでやっている中で、その言葉はすごく嬉しかったし、支えられました。控え場所にいる時とかのちょっとした時間にそれを思い出すと、安らぎになって、だいぶ心が軽くなりましたね。一瞬でもそういう時間があるってとても大事だなと思いました。

結果はタイムも順位も少し落としてしまい悔しかったんですが、全体的に今の自分としてはホッとする結果でした。でもパリ五輪は50ｍバタフライが種目にないので、来年に向けて本当に１００ｍを頑張らないといけません。

最終日のメドレーリレーは最後の種目だったので、どうなってもいいやという気持ちと、最後の1本だから頑張ろう、という気持ちもあって、今までの100mのレースよりは前半から行けました。全体で8番残りだったので、失うものはないから思いっきり行こう、フランスには勝てるかもしれない、とリレーメンバーと話して決勝に臨みました。うまく心と体がマッチして、6位に順位を上げ、ラップタイム（53秒66）も少し上げることができました。

世界選手権が終わって、1週間オフをもらいました。福岡から帰ってきた翌日、どうしても牛タンが食べたくて、弾丸1泊3日で長距離ドライブをして、仙台まで行ってきたんです。運転が大好きなので疲れも気にならず、美味しい牛タンを食べてこられたのでめっちゃ幸せでした。

今シーズンはまだもう一つ大きな国際大会、アジア大会（9月）が残っているので、そこに向けて準備していきます。もちろん一番の目標はパリ五輪なので、来年3月の選考会で必ず結果を出さなきゃいけない。強化もしていかなければならない中でのレースになりますが、1レース1レースをしっかりやっていこうと思っています。

2023年
9月

弱いままの自分ではいられない

福岡世界選手権が終わってから、アジア大会までの2カ月の間に、2回体調を崩してしまいました。世界選手権後のオフ明けに咳が止まらなくなり、ようやく治ったと思って北海道・野幌の事前合宿に行ったら、今度はインフルエンザに罹りました。39度の熱が出て、2、3日休んだ後、チームとは別行動しながら泳ぎ始めましたが、その後体調がさらに悪くなってしまって。アジア大会は1週間後に迫っていたので、大会での結果はほぼ諦めていました。

大会直前に杭州入りすると、日本や海外の多くのメディアから体調について取材されました。そんなに調子が悪いことについてばかり聞かなくても、と思いましたが、私の状態は、見ての通りでした。日本の知り合いからも「体調がすごく悪そう」と気づかう連絡がたくさん来ました。そんな状態のなか注目されるのは辛かったですが、それが自分の宿命だし、何とかポジティブに話そうと努力しました。

病気になる前の前回のアジア大会で6冠を達成してMVPを獲ったからか、大会サイドからも、ものすごく注目されているのは知っていました。でも自分の中では前回大会の成績からの気負いは全然なくて。私よりすごい選手はいっぱいいるのに、私のことを覚えていてくれてありがとう、という気持ちでした。「中国にも池江ファンがいるから、その人たちに何か一言下さい」とお願いされたりして、私が思っていた以上に中国の人たちが自分のことを待っていてくれたというのは意外で、とても嬉しかったですね。他の国の選手もよく声をかけてくれて、本当にたくさん応援してくれているのが伝わってきました。


それなのに、試合が始まっても、結果がどうこうというレベルではなくて、体調は本当に悪かったです。体は重いし、すぐにバテるし、いつもの自分ではなかった。レースを泳ぐことだけで必死でした。今大会、良い結果は出ないと思って泳いでいたので、結果に対してすごく落ち込むということはなく、最終日までによくなればいいなという気持ちで泳いでいました。ここまで自分に期待しないで試合に出るというのは経験したことがなかったので、こういう感情になることもあるんだと思っていました。

それにしても、タイムが思ったより悪かった。50m自由形で予選落ちしてしまった時は、「こんなに遅いんだ」と笑ってしまうほどで、開き直るしかありませんでした。でも時間が経っていくうちに、とんでもなく遅いタイムで泳いでしまった、と一気に落ち込みました。翌日の50mバタフライに響いたらどうしよう、と本当に気持ちが沈んじゃって、選手村に帰ってからチームメイトにその気持ちを聞いてもらったんです。それでだいぶスッキリして、少し切り替えることができました。

今大会は女子のキャプテンでもあったので、みんなの士気を下げちゃいけないと思って、自分の結果が悪くてもあまり態度に出さないようにして、みんなを気持ちよくレースに送り出すことを意識していました。

確かに日本代表チームの成績は、今までのアジア大会の中で最低の結果になってしまったんですが、個人的にはそんなに悪かったとは思っていません。今シーズン、私たちは世界選手権に照準を合わせてきました。一方で、中国はいつもアジア大会に全力で挑んでくるので、ものすごく強いだろうということは分かっていました。日本チームは世界選手権の直後に連盟と選手間の話し合いなどもあり、アジア大会に向けてなかなか気持ちが入らない選手がいるんじゃないかと心配で、私はみんなにとって少しでも楽しいアジア大会になるために、どうやって引っ張っていったらいいんだろうと悩んでいました。でもいざ試合が始まると、みんな気持ちが切り替わっていて、メダルを獲ろうと頑張っていた。それを見てよかったと思えました。金メダルの数は少なくても、チームの雰囲気は悪くなかったと思います。

そうやって迎えた、私にとって最終種目の50mバタフライは、この種目だけは絶対に譲れない、絶対にメダルを獲りたいと思って泳ぎました。スタートで当たり前のように出遅れて、体力もほとんど残っていなくて、最後のタッチの勝負になると思っていました。最後、絶対にここが大事だって思ってタッチして、それがまさに0・05秒差の勝負に勝てた(3位)要因だと思います。

表彰式でプールサイドを歩いて回っていた時に、担当コーチがすごく嬉しそうな表情をしていたのを見て、ホッとして、泣いてしまいました。世界選手権からずっと見てもらっていたので、今シーズン最後のこの大会で、ようやく最後に個人種目のメダルを獲れてよかった、という安堵の気持ちでした。そうしたら優勝した中国の張雨霏選手が抱きついてきて。彼女とはその前に交流があったわけではなかったので、一瞬、あれ、何で泣いてるんだろうって思ったんですが、すぐに、ああ、こんなに自分のことを思ってくれていたんだっていうのが伝わってきました。

今シーズン、久しぶりに国際大会に出て、テレビでレースを見てくださる人も大勢いて、自分を応援してくれる人がこんなに多いんだと実感できたんですが、同時に、弱いままの自分ではいられないなという気持ちになりました。結果を出さないのに名前だけ知られているというのは、私にとって嬉しいことではないので。ちゃんと結果もともなう選手にまた戻りたい。「泳いでくれていてるだけでいいんだよ」と言われても、結果が悪かったからそうやって自分を慰めてくれていてるだけだと思うんです。良い結果の時は「よく戻ってきた」って言ってくれる。「泳いでくれていてるだけで」というのは間違いなく、慰めや支えにはなります。でもその言葉に甘えることはありません。

来年3月の五輪選考会まで、あと半年。これからしばらく海外に行ってトレーニングしてきます。強くなるしかない。100も泳げるようにするためには、一からリセットしてトレーニングを積まなきゃいけない。自分の弱点は今シーズン明確に感じながらも、まだ伸びしろはたくさんあると思えました。速くなるためにやれることはいっぱいあると思うけど、その中でも自分がやらなければいけないことをちゃんとやれば、絶対強くなれると信じています。これから先、そのやるべきことを一つずつクリアしていって、来年の選考会を迎えるだけだと思います。日本国内では負けていられないですからね。

海外トレーニングは去年から行く予定だったんですが、体調を崩したりして延び延びになっていたんです。自分でいろいろな準備をして、ようやく行けることになりました。向こうでサポートしてくれる方がいるんですが、それを除いては一人です。全部自分で英語で会話をして、理解しなければいけない。

やっと自分が強くなれるところに行けるということで、楽しみです。練習についていけるかどうかは、ずっと不安ですが、もうそんなこと言ってる場合じゃなくて、行くしかないので。ついていくしかない。それで必ず強くなれると思います。とにかくやるべきことをやって、帰ってきたいです。

勇気がいることだけど、将来的にこういう経験してよかったなと感じるはずです。成果は試合の結果に出ると思うけど、もしダメでも、自分の過去を否定したくはない。大切なのは頑張った過程。その努力を認めてあげることが大事。日焼けに気をつけなければいけないけど、きっと真っ黒になっているでしょう。

2024年
2月

オーストラリアに拠点を移して
――取り戻し始めた真の笑顔

オーストラリアに拠点を移してから、4カ月が経ちました。その間日本に帰ったのは年末年始の数日間だけ。みんなは合宿に来ていると思っているみたいですが、私自身は今は完全にここが拠点だと思っています。日本にいた時とはモチベーションがかなり違う状態でトレーニングできている。だいぶ自信が戻ってきました。

去年ここに来る前は、本当にメンタル面で落ちるところまで落ちていました。インタビューで自分の話をする度に泣きそうになったり。話せば話すほど、自分の嫌なところが目に見えるような状況でした。

最初に来た時、まずコーチに自分のメンタルの状態が整っていないことと、昔のように強い気持ちでトレーニングができないことを伝えました。それから度々練習の時に話をしたり、ミーティングの場で、自分の状況を伝えることによって、すごくいいメンタルトレーナーにもなってくれています。私にはとても合っていて、コーチに何秒で泳げるって言われたら、本当にそのタイムで泳げるような気がします。

日本にいると、自分の限界を決めつけて、この程度でいいやと思ってしまい、そこまで追い込めませんでした。自分の可能性の幅を広げられていなかったんです。

今はメンタル面が以前と全然違いますね。もちろん今も完璧な状態ではないし、そこまで完全な自信があるわけじゃない。ただすごく競泳という、〝競う〟ことに関しての楽しみを取り戻しつつあります。自分よりレベルが高い人たちばかりの中で練習しているのですが、あまりにも周りが速すぎて、強すぎて、ただ彼女たちに追いつこうと努力しています。自分よりちょっと速い人がいると、張り合いが出るんです。

そうしているうちに、以前はすごく苦手だったエアロビック系の練習にも耐えられるようになって、あ、自分もこういうことができるんだとか、自分は意外と強いのかもしれないと思えるようになりました。（東京五輪4冠でチームメイトの）エマ（・マキーオン）とも、エアロビック系トレーニングだといい勝負ができています。

筋トレも、思っていた以上にできるようになってきました。やる前は、こんなに疲れてるのにこれから筋トレか、と思うんですが、やり始めたら楽しくなってきちゃう。以前はそういう気持ちは一切なかったけど、一人で重いものを持って、きつそうな顔をして「ああ、これで体が大きくなりそう」と思いながら頑張るのが結構楽しい。

今まで、体を大きくしたくて仕方なくても、全然体重は増えないし、練習も満足にできずで、ずっと悪循環でした。久しぶりに親に会うと「また痩せた？」と聞かれることも多く、試合がない強化期は本当に痩せてしまって。かろうじて泳げるくらいの筋肉しかないような状態でした。

今は本当によく食べられるようになりました。去年は長友佑都選手の栄養士シェフでもある加藤超也さんに数日間オーストラリアに滞在していただいて、食事の面でお世話になりました。今日はこういう練習だった、水温が高くてのぼせそうだった、などと伝えるとそれに合った料理を作ってくれたり、疲労回復のためのクエン酸や、ビタミンを多く摂れるような食事を用意してくれて、本当に助かりました。今も別の方に調理してもらっているんですが、胃が大きくなってきていて、「ちょっと量が多いかもしれない」と出されても、ペロッと食べちゃったり。結構食べても、もうちょっと食べられるかなと思える。お陰で体が全体的にすごく変わってきて、課題のスタートもタイムが上がっています。

以前は疲れるとすぐに免疫力が下がって体調を崩してばかりだったのに、こちらに来てからは風邪を引いたり、体調を崩すこともほとんどなくなりました。

生活に関しては最高ですね。食事は日本食も作ってもらっています。スーパーでちょっと小腹が空いた時につまめるようなものを探すのが難しかったりするんですが、大変なのはそれくらい。去年暮らしていたアパートはゴキブリとか蟻がたくさん出て、日本からごきぶりホイホイを買ってきてもらうほどでしたが、今は新しいアパートに移って、ショウジョウバエみたいなのと戦うくらいです。アパートの不具合も警備員さんがすぐに直してくれて、電球も取り替えてくれたり。最高の環境で暮らしているなと思える。楽しいですね、生活も。

英語は毎日勉強するようにしていて、プライベートで教えてくれる先生のところに可能な限り通っています。あとはとにかく喋る。その場で分からなかったことは後から調べて、あーこう言えばよかったんだと知る。そういう風にしてちょっとずつ言える言葉を増やしています。もちろん単語を頭に入れるのは大事だけど、言いたいことをフレーズでまるごと覚える方が自分には合っているみたいです。間違えるのは恥ずかしいですけど、相手は私が英語を喋れないことを理解しているので、4カ月経つ今、その恥ずかしさはだいぶ抜けました。とにかく喋らなきゃいけない場面がたくさんあるし、自分で何とかしなきゃいけないことも多いので。

コーチとのコミュニケーションは基本的にコーチが一方的に私に話しかけていることが多いです。言っていることはなんとなく分かるし、私が理解できるようにすごく簡単な英語でゆっくり話してくれる。ただやっぱり自分の意見を言いたい時もあります。自分の考えを伝えることは大事なことだから。今は、私はこうだっていうのを伝えるくらいならできています。

12月に久しぶりに試合（クイーンズランド選手権）に出ました。レースの5日前に風邪を引き、3日前にぎっくり腰になって痛み止めを飲んでいて、体調が万全ではなかった割には、結果は悪くなかったですね。

一日にバタフライと自由形の予選、決勝で100ｍを4本泳ぎました。2本目の自由形の予選が54秒12で、3本目のバタフライ決勝が57秒74（銅メダル）。最後の4本目の自由形の決勝はさすがにすごくきつかったんですが、それでも54秒54。周りが速すぎて自分が速いと思えないんですけど、今までの自分と比べたら速いタイムですね。54秒台で満足することもなくなっていて、自分の考えるレベルが上がった感じです。

50ｍは、自由形もバタフライも速く泳げると思います。50ｍバタフライはもう泳ぎ方が完全に分かっている感覚です。あとやるべきことも理解していて、それさえクリアできれば、多分ベストは更新できるでしょう。ただ50ｍ自由形は、まだ練習でも難しい。本当に全てが整わないとこの種目でタイムを出すのは難しいですね。

100ｍバタフライも標準タイムを切れるようになるまでもうちょっとですかね。去年は50mしかしっかり泳げなくて、来年100mちゃんと泳げるかどうか不安でした。それが今、もうあと少しで手が届くかなというところまで来ているんですから、すごいことです。人間ってこんなに成長するものなんですね。自分が望んでいる結果を出すには、あとは時間と体力だけだなと思っています。

3月のパリ五輪選考会に対して、怖いという気持ちはまだ完全に抜けたわけではありません。でも、若干怖いなあ、くらいになりました。フライトによる体の変化には対応できるよう心がけています。いずれにしても、これだけ練習していたら、できないことはないと思えるレベルまできています。とはいえ、五輪選考会のプレッシャーはしんどいですよね、とても。今の男子の200m平泳ぎのような層の厚いハイレベルな戦いは、側から観ている人にはめちゃめちゃ面白いと思うんですけど、泳ぐ方は本当にたまったもんじゃないんです。

派遣標準は、自分は絶対に切るし、切らなきゃいけない。結果はどうあれ自分が満足できたらいいです、というような考えは次の五輪選考会ではまったく通用しない。結果は絶対良くなくちゃダメ。本当に覚悟を持っています。

パリへのスタート台

2024年
3月

3月のパリ五輪代表選考会で、3度目の五輪の切符を摑むことができました。

パリは個人種目で、1バタ（100mバタフライ）で行くことしか考えていませんでした。でも昨シーズンまで50mの練習しかしてきていなくて、100mの練習をするためにオーストラリアに行きました。選考会で200m自由形にエントリーしていたら、4×200mリレーのリレーメンバーに絶対に入れる自信はあったけど、リレーだけで入るつもりは一切なかった。それはコーチのマイケル（・ボール）との共通認識でした。

1バタで派遣標準記録を突破できるようになるために、今までの競泳人生で一番って言い切れるくらいたくさんバタフライを泳いできました。日本にいたら、「できない」と思うことがいっぱいあって、しんどい時につい自分に甘えが出てしまっていたんです。でも今のチームではどれだけきつくても、シュノーケルとかフィンなど、自分を少しでも手助けしようとするアイテムは「絶対にダメ」と言われてつけられないし、みんな同じようにやっているから自分も頑張らなきゃいけない。すごくいい影響を受けています。

マイケルのことをずっと信じてきました。日本にいたら速くなれない、彼のところでしかもう私は速くなれないと思って、一人でオーストラリアに行く覚悟を決めたんです。

オーストラリアには、2018年と2019年の冬の2回合宿に行かせてもらいました。最初に行った時、すごく練習が楽しかったんです。自分が速かったから。めちゃくちゃ飛び抜けて速い男子選手がいなかったというのもあるんですが、私が男子選手と同じくらい速くてすぐ追いついちゃうから、「もうリカコ、先頭行って」って言われるくらい。練習メニューもよく分からないのに先頭を泳がされて。エマ(・マキーオン)の隣で泳いでいつも勝っていて、それが自信になり、速くなれると思いながらトレーニングしていて、すべてが楽しかった。生活も、日本みたいに街を歩いていたら声をかけられるようなこともなく、堂々と落ち着いていられました。

2019年に行った時は、具合が悪くなり、合宿を切り上げ緊急帰国しました。

今回それ以来の渡豪で、マイケルに「5年前病気になったのは、自分のせいだったんじゃないか」って言われたんです。自分がすごくハードなトレーニングをさせたから病気になったんじゃないかと心配していたと。「え?　そんなわけないじゃん。ずっと体調悪かったんだよ」って話をして。彼がそんな風に心配してくれていたことや、弱くなってしまって世界の舞台で活躍できない状態なのに、私を受け入れてくれたことがすごく嬉しくて、ああ、やっぱりこのコーチしかいないなと改めて思いました。

5カ月間のオーストラリアでのトレーニングで、人ってこんなに変われるんだ、気持ちも、体も、全部がこんなに変われるんだと自分でも驚いています。トレーニングや体のこともですけど、特にメンタルの部分で、マイケルとアシスタントコーチのジャネル（・パリスタ）とたくさん話をしてきました。最初から、レース直前の最後の最後まで「自分を信じろ」ということを何度も言われてきました。最初の頃は、そんなこと言われても今信じられないんだからそんなにすぐに変えられないでしょ、と思っていました。でも変わるには、コーチたちを信じるしかないと思ったんです。

今でさえ、大きな声で「自信あります」とは言えない。「頑張ってきました」とは言えるけど、自信という言葉を使えなくて。

自分は、メダルに縁がない選手だと思っているんです。オリンピックでも世界選手権でも、あとちょっとでメダルが獲れなかったし、アジア大会で6冠を達成してMVPを獲って、よし来年こそ、と思っていた時に病気になってしまった。

でも明らかに去年までみたいに、体を縮こまらせて「あまり私のことを見ないで、もうそこまで私すごくないから注目しないで」と思っていた自分ではなく、「こんなに体も大きくなって、速くなったから、みんな見て」と思える状態で選考会の会場にいることができました。そこが一番変わったと思います。

五輪代表選考会2日目の1バタ決勝では56秒5は出るだろうと思って臨みましたが、結果は57秒30で2位でした。準決勝でかなり余裕があって、気持ちよく泳いで57秒03だったので、決勝は56秒台は出るなと思っていたんですが、最後にめちゃくちゃ浮いてしまいました。レース前に、来日してくれていたジャネルに「ラスト15mで絶対叫んでね」ってお願いしていたんです。なぜかジャネルの声援だけは聞こえるはずだと思っていて、でも実際は観客の歓声が大きすぎて全然聞こえなくて。「ジャネル！　どこー？　声聞こえないよー」って思いながら最後泳いでいました。でもそばにいてくれて心強かったです。

ゴールして、こんなはずじゃなかった、56秒が出ない理由が分からない、とは思いましたけど、とにかくパリ五輪の派遣標準記録を切って2位以内だったから、素直に嬉しかったです。でもレースが終わってから沸々と、負けたことよりも56秒が出なかったことの悔しさが湧いてきました。その後マイケルと電話で話して「すごく悔しい」と言ったら「なんで？　パリに行けるんだよ。私たちはパリに行くためにやってきたんじゃないか」って言われて、あ、そっかと。パリに行けていなかったら何も始まらないんだ、今回じゃなくても、これから56秒台を出すチャンスがあるんだと思えました。

それでも最終日の50m自由形では、派遣標準記録突破を狙っていたのに切れなくて、自分に対してイライラしました。決勝前のアップでめちゃくちゃ調子が良くて、これはいけると思っていたんですが、そこで気負い過ぎるとダメになると思って、感情を抑えてあまり考えすぎないように準備していました。メンタルコントロールをうまくしないとすぐタイムに響いてしまうのが50mの難しさですね。

それが結局うまくできなくて、レースの途中で体が動かなくなってしまいました。こんなに頑張ってきたのになんでこんな結果なのと思い、レース後に号泣してしまいました。


パリでの目標は、56秒中盤を出して、とにかく決勝に残りたい。リオ五輪の時も、引退した後に、元オリンピックファイナリストって言われたらかっこいいなと思っていて(笑)。あの時、決勝レースに入場して下から観客席を見た時に、会場がキラキラして見えたんです。もう一回、ああいう風に決勝の舞台で100mで戦えたら楽しいんだろうな、すごく自分を誇りに思えるんだろうなと思います。

今回の選考会の1バタのレースで前半を26秒35で入って、前半は問題ないことが分かりました。そのままで入って後半ももつ練習をするのか、少し落としてさらに後半上げる練習をしていくのかで、だいぶ練習の仕方が変わってくる。でも速く入れるのにわざわざ落とす必要はないと思っているので、このままのペースで入って後半を29秒台でまとめられるようなトレーニングを積んでいけば、ちゃんと決勝でも戦えるようなレースができると思います。

今は、やっとスタート台に上ったなという気持ちです。早くオーストラリアに帰って、パリに向けてトレーニングしたいです。ハードすぎる練習についていけるのかなという不安は少しありますが、速くなりたいという気持ちが誰よりも強くあるので、またすごく努力するんだろうなって思います。

今まで、努力してるってどういうことか分からなかったんです。努力は当たり前だったから、努力しないで速くなってきたと思ってた。

だけど今は今までで一番努力してきたって言えるくらい、練習も積んできました。努力すれば速くなるわけではないし、結果が出るわけじゃない。でも、そこまでやり切った、やり残したことはないと思って、パリ五輪の舞台に立ちたいです。

池江璃花子　復帰後に出場したレースのタイムの変遷（2020年8月～2024年5月）

※出場した大会でのベストタイムを記載しています

50m バタフライ

自己ベスト｜長水路：25.11（2018/06 日本記録）
短水路：24.71（2018/01 日本記録）

年／月	大会名	タイム	大会結果
2021/01	東京都OPEN水泳競技大会	25.77（決勝）	1位（学生新）
2021/04	日本選手権水泳競技大会	25.56（決勝）	1位（学生新）
2021/05	千葉県水泳連盟公認水泳競技大会（短水路）	25.76（決勝）	1位
2021/10	日本選手権（25m）水泳競技大会	25.63（決勝）	5位
2022/03	国際大会日本代表選考会	25.78（決勝）	2位
2022/04	日本選手権水泳競技大会	25.49（決勝）	1位（学生新）
2022/07	千葉県ジュニア水泳競技大会（短水路）	25.60（予選）	
2023/01	東京都新春水泳競技大会（短水路）	25.86（決勝）	1位
2023/04	日本選手権水泳競技大会	25.59（決勝）	1位
2023/05	ヨーロッパグランプリ　カネ大会	25.82（予選）	1位
2023/05	ヨーロッパグランプリ　バルセロナ大会	25.77（決勝）	2位
2023/05	ヨーロッパグランプリ　モナコ大会	25.93（ベスト8進出時）	2位
2023/07	世界水泳選手権福岡大会	25.50（予選）	7位
2023/09	アジア競技大会	26.02（決勝）	3位
2023/12	クイーンズランド選手権	25.76（決勝）	1位
2024/02	ビクトリアンオープン	25.84（決勝）	1位
2024/04	オーストラリアンオープン	25.33（決勝）	1位
2024/05	シドニーオープン	25.58（決勝）	1位

100m バタフライ

自己ベスト｜長水路：56.08（2018/08 日本記録）
短水路：55.31（2018/11 日本記録）

2021/02	東京都OPEN水泳競技大会	59.44（決勝）	3位
2021/04	日本選手権水泳競技大会	57.77（決勝）	1位
2021/06	ジャパンオープン	58.03（決勝）	1位
2021/10	日本学生選手権水泳競技大会	58.63（決勝）	2位
2021/10	日本選手権（25m）水泳競技大会	57.83（決勝）	4位
2022/03	国際大会日本代表選考会	57.89（決勝）	1位
2022/05	日本選手権水泳競技大会	58.82（決勝）	4位
2022/06	Tokyo Swimming Center Swim Meet（25m）	57.17（予選）	1位
2023/01	KOSUKE KITAJIMA CUP	59.33（決勝）	4位
2023/02	コナミオープン水泳競技大会	58.56（決勝）	2位
2023/04	日本選手権水泳競技大会	57.68（決勝）	1位
2023/05	ヨーロッパグランプリ　バルセロナ大会	59.23（B決勝）	9位
2023/07	世界水泳選手権福岡大会	58.61（予選）	17位（予選敗退）
2023/09	アジア競技大会	58.98（決勝）	5位
2023/12	クイーンズランド選手権	57.74（決勝）	3位
2024/02	ビクトリアンオープン	58.40（決勝）	2位
2024/03	国際大会代表選手選考会	57.03（準決勝）	1位
2024/04	オーストラリアンオープン	57.83（決勝）	5位
2024/05	シドニーオープン	57.63（決勝）	1位

50m 自由形

自己ベスト | 長水路：24.21（2018/04 日本記録）
短水路：23.95（2017/12 日本記録）

年/月	大会名	タイム	大会結果
2020/08	東京都特別水泳大会	26.32（決勝）	5位
2020/10	日本学生選手権水泳競技大会	25.62（決勝）	4位
2021/02	ジャパンオープン（2020）	24.91（決勝）	2位（学生新）
2021/04	日本選手権水泳競技大会	24.84（決勝）	1位（学生新）
2021/05	千葉県水泳連盟公認水泳競技大会（短水路）	25.02（決勝）	1位
2021/10	日本学生選手権水泳競技大会	25.02（決勝）	1位
2021/10	日本選手権(25m)水泳競技大会結果	24.57（決勝）	3位
2022/01	KOSUKE KITAJIMA CUP	25.20（決勝）	1位
2022/05	日本選手権水泳競技大会	24.78（決勝）	1位（学生新）
2022/08	日本学生選手権水泳競技大会	25.09（決勝）	1位
2023/01	東京都新春水泳競技大会（短水路）	24.76（決勝）	2位
2023/01	KOSUKE KITAJIMA CUP	25.56（決勝）	2位
2023/04	日本選手権水泳競技大会	24.74（決勝）	1位
2023/05	ヨーロッパグランプリ　カネ大会	25.42（決勝）	9位
2023/07	世界水泳選手権福岡大会	25.27（予選）	20位（予選敗退）
2023/09	アジア競技大会	25.68（予選）	10位（予選敗退）
2023/12	クイーンズランド選手権	25.18（決勝）	5位
2024/02	ビクトリアンオープン	25.51（予選）	2位
2024/03	国際大会代表選手選考会	24.88（決勝）	1位
2024/04	オーストラリアンオープン	25.23（決勝）	9位
2024/05	シドニーオープン	25.03（決勝）	2位

100m 自由形

自己ベスト | 長水路：52.79（2018/11 日本記録）
短水路：51.62（2018/01 日本記録）

2021/01	KOSUKE KITAJIMA CUP	55.35（決勝）	4位
2021/04	日本選手権水泳競技大会	53.98（決勝）	1位
2021/06	ジャパンオープン	54.26（決勝）	2位
2021/10	日本選手権(25m)水泳競技大会結果	53.08（決勝）	2位
2022/01	東京都新春水泳競技会（短水路）	53.01（決勝）	1位
2022/01	KOSUKE KITAJIMA CUP	54.64（決勝）	1位
2022/03	国際大会日本代表選考会	54.02（決勝）	1位
2022/04	日本選手権水泳競技大会	53.83（決勝）	1位（学生新）
2022/07	千葉県ジュニア水泳競技大会（短水路）	54.27（予選）	
2022/08	日本学生選手権水泳競技大会	54.26（決勝）	1位
2022/09	国民体育大会水泳競技大会	54.76（決勝）	2位
2023/01	東京都新春水泳競技大会（短水路）	53.59（決勝）	1位
2023/01	KOSUKE KITAJIMA CUP	54.95（決勝）	3位
2023/02	コナミオープン水泳競技大会	54.43（決勝）	1位
2023/04	日本選手権水泳競技大会	54.17（決勝）	1位
2023/05	ヨーロッパグランプリ　カネ大会	55.03（予選）	6位
2023/07	世界水泳選手権福岡大会	54.67（予選）	15位
2023/12	クイーンズランド選手権	54.12（予選）	6位
2024/02	ビクトリアンオープン	55.45（決勝）	4位
2024/03	国際大会代表選手選考会	54.15（決勝）	1位

ブックデザイン　野中深雪
カバー写真　榎本麻美
カバーヘアメイク　Toyoda Yousuke（ROOSTER）
巻頭グラビア　榎本麻美／鈴木心／岸本勉／
杉山拓也／松本輝一／末永裕樹／
著者提供
構成　井本直歩子／Sports Graphic Number
協力　矢内由美子

池江璃花子（いけえ・りかこ）
2000年7月4日、東京都生まれ。身長171㎝。横浜ゴム所属。
3歳で水泳を始める。14歳の時、日本選手権の50mバタフライで優勝。高校1年生の時にリオ五輪に日本人最多となる7種目で出場。100mバタフライで5位入賞した。17年の日本選手権では女子史上初となる5冠に輝く。18年アジア大会で日本人初となる6冠を達成し、大会MVPに選ばれた。19年2月、白血病と診断され療養に入る。同年12月に退院し、20年8月に競技会に復帰した。21年に東京五輪3種目に出場し、女子400mメドレーリレーでは決勝に進出。23年日本大学を卒業。個人種目11個とリレー種目6個、計17種目の日本記録を保持している。

初出『Sports Graphic Number』1007〜1094・1095号（不定期）

もう一度《いちど》、泳《およ》ぐ。

2024年7月10日　第1刷発行

著　者　池江璃花子《いけえりかこ》
発行者　松井一晃
発行所　株式会社　文藝春秋
〒102-8008 東京都千代田区紀尾井町3-23
電　話　03-3265-1211
印刷／製本　TOPPANクロレ
組　版　エヴリ・シンク

　ISBN 978-4-16-391873-0　Printed in Japan